25 Erfolgsprinzipien, die Sie ganz nach vorne bringen werden!

Erfolg ist Kopfsache!

Von Michael Leister

Haftungsausschluss:

Die Inhalte dieses Buches wurden sorgfältig und besten Gewissens recherchiert und zusammengetragen. Sie spiegeln die persönliche Meinung und Erfahrung des Autors wider. Der Autor übernimmt daher keine juristische Verantwortung oder Haftung für Schäden, die durch eventuelle Fehler oder nicht kompatible Lebensumstände entstehen. Trotz sorgfältigen Lektorats können Rechtschreib- und/oder Grammatikfehler vorhanden sein.

25 Erfolgsprinzipien, die Sie ganz nach vorne bringen werden! – Erfolg ist Kopfsache!

Von Michael Leister

Auflage 2015

leister-michael@web.de

Herausgegeben von Engin Ata
Jägerstr. 23, 52066 Aachen
engin_ata@web.de

Printed in Germany by Amazon Distribution GmbH, Leipzig

ISBN: 978-1507723678

Inhaltsverzeichnis

Vorwort

Herzlich willkommen zu „25 Erfolgsprinzipien, die Sie ganz nach vorne bringen werden!“

Da Sie sich für dieses Buch entschieden haben, gehe ich davon aus, dass Sie den persönlichen Erfolg in Ihrem Leben voranbringen möchten. Ich habe gute Nachrichten für Sie: Dass Sie sich mit diesem Thema beschäftigen, ist ein großer und wichtiger Schritt in die richtige Richtung! Mit diesem Buch möchte ich Sie motivieren und Ihnen logisch und konsequent vor Augen führen, dass Erfolg gewissen Prinzipien folgt, die für jeden Menschen gleich gelten. Wie der Untertitel dieses Buches bereits verrät, ist Erfolg Kopfsache. Bevor wir in die Vollen gehen, möchte ich gerne noch ein paar Fragen beantworten, die Sie sich womöglich stellen.

Welche Qualifikation hat der Autor?

Als Person und auch als Unternehmer habe ich bereits einige Höhen und Tiefen erlebt und herausgefunden, was für mich funktioniert und was nicht. Ich bin jemand, der sich über alles Mögliche gründlich Gedanken macht und für aufkommende Probleme schnelle und effiziente Lösungen entwickelt. In meinem Umfeld begannen immer mehr Menschen, mich danach zu fragen, wie ich zu meinem persönlichen Erfolg kam. Also beschloss ich, fortan meine Mitmenschen dabei zu unterstützen, mehr Zufriedenheit,

Selbstbewusstsein, Lebensqualität und Erfolg zu erlangen. Nachdem ich jedoch das Gefühl bekam, mit persönlicher Beratung und Unterstützung nicht genügend Menschen erreichen zu können, begann ich Bücher zu schreiben, um meinen Wirkradius zu erhöhen. Das erste Buch namens „Zufriedenheit mal anders" startete sehr erfolgreich und wurde zum Bestseller im Kindle-Shop „Allgemeine Psychologie". Weiterhin habe ich die Bücher „30 Gedanken, die Ihr Leben bereichern werden" und „Endlich selbstbewusst!" veröffentlicht. Alle drei Bücher erhielten den Bestseller-Status auf Amazon und markieren jeweils die Spitze ihrer Kategorien, unter anderem „Entwicklungspsychologie", „Persönlichkeitspsychologie", „Psychologie & Hilfe", und weitere. Zusätzlich bin ich Gründer und Betreiber des Blogs „Dein Fußabdruck", der sich mit dem Befreien von der Fremdbestimmung und dem Finden der eigenen Linie beschäftigt. Tausende zufriedene Leser und zahlreiche Zuschriften meiner treuen Leserschaft motivieren mich jeden Tag aufs Neue und bestätigen meinen Glauben, dass freundschaftlicher Rat und ein sachlicher Blick auf das Leben hilfreicher als psychologisches Fachgerede sein können.

Warum ist gerade dieser Ratgeber effektiv?

Es gibt viele Ratgeber zum Thema „Erfolg". Mit Sicherheit wurden einige von ihnen von sehr qualifizierten Autoren geschrieben. Allerdings fixieren die meisten dieser Werke sich darauf, Ihnen einen fertigen Plan zu großem Erfolg zu liefern. Wenn Sie mich fragen, scheitert dieses Vorhaben alleine schon an diesem einfachen Punkt: Jeder Mensch definiert Erfolg anders. Es gibt keinen universellen Plan, der für jeden gilt und genau hier setzt dieses Buch an. Ich möchte mit Ihnen gemeinsam dem Erfolg auf den Grund gehen. Ihn mit Ihnen gemeinsam definieren und herausfinden, was es braucht, um seine eigene Erfolgsgeschichte zu schreiben. Ich möchte mit Ihnen gemeinsam den Protagonisten Ihrer Geschichte entwickeln und Sie motivieren, Ihren ganz eigenen Weg erfolgreich zu gehen. Sie werden das Beste aus meinem Erfahrungsschatz erhalten und lernen, es auf Ihre Situation zu übertragen. Sie werden lernen, was es braucht, um sich durchzusetzen und seine Ziele zu erreichen. Wir werden gemeinsam den Werkzeugkasten anlegen, mit dem Sie Ihr großes Erfolgswerk erschaffen werden.

Für wen ist dieses Buch geeignet?

Dieses Buch eignet sich für jeden, der sich persönlich weiterentwickeln möchte. Jeder Mensch, der sich nicht mit dem Mittelmaß zufriedengibt und Ambitionen hat, stößt beim Überwinden von Hürden oft an seine Grenzen und erleidet Rückschläge. Wer über diese Hürden und Grenzen hinauswachsen möchte, wird in diesem Buch Bestätigung, Rat und Motivation finden. Sie werden lernen, in Rückschlägen Chancen zu sehen und jeden noch so kleinen Erfolg als großen Fortschritt anzuerkennen.

Wer von diesem Buch erwartet, eine vorgefertigte Business-Strategie zu erhalten, wird leider enttäuscht werden. In diesem Fall möchte ich Ihnen ausdrücklich vom Kauf des Buches abraten, um Ihnen keine Zeit zu stehlen. Ich bin der Überzeugung, dass es kein Universalrezept für Erfolg gibt und wage deshalb auch nicht den Versuch, eines zu entwerfen. Des Weiteren behandelt dieses Buch keine Strategien zum Geldverdienen. Erfolg ist nicht zwingend an materiellen Reichtum gebunden. Trotzdem können die vorgestellten Prinzipien Ihnen dabei helfen, diesen zu erlangen.

Wie ist dieses Buch aufgebaut?

Die 25 Erfolgsprinzipien folgen in sinnvoller Reihenfolge aufeinander, wobei jeder Grundsatz sein eigenes Kapitel, bzw. seinen eigenen Abschnitt erhält und ausführlich beleuchtet wird.

Im Anschluss gibt es noch eine Zusammenfassung des neu erworbenen Wissens. Wir werden uns damit beschäftigen, wie Sie Ihre ganz individuelle und effiziente Strategie zu Ihrem persönlichen Erfolg entwickeln können.

Bei der Lektüre des Buches werden Sie an manchen Stellen das Gefühl haben, dass ich mich wiederhole. Zumindest hoffe ich das! Es gibt Grundlagen über den Erfolg, die man sich nicht oft genug vor Augen führen kann, wenn man wirklich etwas verändern möchte.

Hinweis: Für interessierte Leser habe ich ein zum Thema passendes Geschenk bereitgestellt (ja, tatsächlich vollkommen kostenlos und unverbindlich). Mehr dazu finden Sie im Kapitel „Ein Geschenk für Sie“.

So, nun aber genug der einleitenden Worte. **Ich wünsche Ihnen viel Freude bei der Lektüre des Buches und viele gute Erkenntnisse!**

Die 25 Erfolgsprinzipien, die Sie ganz nach vorne bringen werden

1) Erfolg ist nichts anderes als das, was Sie für Erfolg halten.

Sie lesen dieses Buch, weil Sie sich nach mehr Erfolg in Ihrem Leben sehnen. Das ist gut! Es bedeutet, dass Sie den Drang haben, sich weiterzuentwickeln und das Beste aus sich und Ihrer Situation zu machen. Aber wohin möchten Sie sich entwickeln und was genau möchten Sie aus Ihrer Situation machen? Oder viel einfacher gefragt: Was bedeutet Erfolg für Sie?

Wenn wir einen Begriff hören, haben wir augenblicklich eine bestimmte bildliche Vorstellung dazu im Kopf, eine sogenannte „Assoziation“. Zum Beispiel denken Sie beim Begriff „Wüste“ vielleicht plötzlich an Sonne, Hitze und Trockenheit. Beim Begriff „Weihnachten“ sind es womöglich Dinge wie ein Tannenbaum, der Weihnachtsmann oder hübsch verpackte Geschenke. Interessant ist nun, was Ihnen in den Sinn kommt, wenn Sie an das Wort „Erfolg“ denken. Was assoziieren Sie mit „Erfolg“?

Die meisten Menschen denken in diesem Fall an finanziellen Wohlstand, einen hoch bezahlten und „wichtigen“ Beruf, einen teuren Sportwagen, ein großes und luxuriöses Haus und ähnliche Dinge. Lassen Sie mich Ihnen ein Bild zeichnen, das Sie mit absoluter Sicherheit schon mindestens einmal im Fernsehen oder in einer Zeitschrift gesehen haben: Ein attraktiver Mann in der Mitte seiner Dreißiger, gekleidet im feinen Anzug, steht angelehnt an die Motorhaube eines Porsche. Im Hintergrund ist ein modernes und schick geschnittenes Haus zu sehen und an der Seite des

Mannes steht eine sehr hübsche Frau in einem aufreizenden Kleid. Beide lächeln in höchstem Maße zufrieden und selbstverständlich strahlt die Sonne auf ihre Häupter. Es klingt ein wenig lächerlich, wenn ich es so beschreibe, oder? Das tut es aus gutem Grund: Es ist ja auch lächerlich.

Wie es dazu kommen konnte, ist ein großes Thema für sich, aber Tatsache ist: Die meisten von uns haben dieses oder ein ähnliches Bild im Kopf, sobald sie das Wort „Erfolg" hören. Mir ging es eine ganze Weile lang nicht anders. Und weil wir dazu neigen, ein solches Bild mit dem Begriff „Erfolg" zu verknüpfen, gibt es unzählig viele Menschen, die permanent unzufrieden mit sich sind und das Gefühl haben, im Leben nicht vorwärts zu kommen, obwohl sie in Wirklichkeit sehr erfolgreich sind! Sie sehen es einfach nicht, weil ihr Leben anders aussieht als die Situation, die das Klischee darstellt.

Es ist, als dürfte es nur ein Lebensmittel geben, das man mit dem Begriff „lecker" verknüpft oder nur eine ganz bestimmte Temperatur, bei der man sagen darf, dass es „kalt" ist. Selbstverständlich ist das Unsinn, denn jeder von uns hat einen anderen Geschmack und ein unterschiedliches Empfinden für Wärme und Kälte. Genau auf diese Weise ist es Unsinn, dass das vorhin beschriebene Bild ein allgemein gültiges Symbol für Erfolg sein soll. Wir alle haben eine andere Vorstellung davon, was es bedeutet erfolgreich zu sein.

Damit dieses Buch Ihnen zu mehr Erfolg verhelfen kann, ist es wichtig, dass Sie genau definieren, was Erfolg für Sie bedeutet. Wenn wir das geschafft haben, wird dieses Buch Ihnen eine große Hilfe sein. Versprochen!

Ein guter und sinnvoller Anfang ist es, sich eine allgemeine Definition für „Erfolg" anzuschauen. Hierfür nehmen wir den deutschen Duden zur Hand. Die dort angegebene Definition lautet:

„Positives Ergebnis einer Bemühung; Eintreten einer beabsichtigten, erstrebten Wirkung."

Damit können wir sehr viel anfangen! Diese allgemeine Definition sagt uns nämlich, dass Erfolg das Gute ist, das entsteht, wenn wir uns darum bemühen. Sie macht uns weiterhin deutlich, dass Erfolg nicht von alleine geschieht, sondern von uns beabsichtigt und erstrebt werden muss. Aber was ist das Gute, das Sie beabsichtigen und erstreben? Hier kommen Sie ins Spiel! Machen Sie sich Gedanken darüber, was Ihre Ziele im Leben sind. Sowohl kurz- als auch langfristig. Was möchten Sie am liebsten erreichen?

Tun Sie sich den Gefallen und nehmen Sie sich Stift und Papier zur Hand. Schreiben Sie eine kleine Auflistung mit den Dingen, die Sie gerne erreichen möchten. Dies können sowohl sehr große als auch kleine Ziele sein. Wichtig ist, dass diese Ziele nur für Sie persönlich wichtig sind. Halten Sie sich nicht an dem üblichen Reichtum-Kram auf, wenn Sie in Wirklichkeit mit weniger als vielen Millionen Euro zufrieden sind. In vielen Fällen erstellt man nicht wirklich eine Liste, wenn es in einem Buch vorgeschlagen wird, aber ich rate Ihnen dennoch dazu. Sie tun sich selbst damit einen Gefallen und bei der Lektüre dieses Buches werden Sie merken, dass Ihre Auflistung an vielen Stellen hilfreich sein wird.

Grob ausgedrückt haben Sie Erfolg, wenn Sie die von Ihnen angestrebten Ziele erreichen und das schaffen, was Sie sich vorgenommen haben. Auch auf dem Weg dorthin können Sie bereits sehr erfolgreich sein, worüber wir später noch ausführlich sprechen werden.

Jeder Mensch hat andere Ziele und somit ist jeder auf eine andere Art und Weise erfolgreich. Wenn Sie zum Beispiel in den Medien davon hören, dass jemand eine Meisterschaft im Dart-Werfen gewonnen hat, dann wird Sie das vielleicht kaum beeindrucken. Womöglich sind Sie der Meinung, dass dies ein Kneipensport ist und es weitaus wichtigere Dinge gibt. Tatsächlich aber ist der Gewinner der Meisterschaft ein sehr erfolgreicher Mensch. Sogar der erfolgreichste auf seinem Gebiet. Als er begann, an Wettkämpfen in dieser Sportart teilzunehmen, hat er sich bestimmt vorgenommen, eines Tages der Beste zu sein. An der Spitze angekommen, hat er seinen Traum verwirklicht und sein Ziel erreicht.

Gemessen an den Zielen, die wir uns setzen und den Dingen, die uns wirklich wichtig sind, haben wir alle die Möglichkeit, sehr erfolgreich und somit auch glücklich zu sein. Ich möchte Ihnen gerne dabei behilflich sein, Ihre Ziele zu erreichen. Meiner Meinung nach ist es wesentlich wertvoller, nach dem persönlichen und wirklich wichtigen Erfolg zu streben, als irgendein künstlich erzeugtes Ideal zu verfolgen, das uns in Wirklichkeit nicht einmal glücklich machen würde. Lassen Sie uns also gemeinsam besprechen, was Ihnen zu Ihrem persönlichen Erfolg verhelfen kann!

2) Selbstbewusstsein: Das wichtigste Utensil in Ihrem Gepäck!

Ihre Erfolgsgeschichte ist ein Abenteuer und Sie sind der Held dieser Geschichte. Stellen Sie sich das Erreichen Ihres Zieles als ganz simples Bild vor: Sie begeben sich auf einen Weg, um ein Ziel zu erreichen, das noch in der Ferne liegt. Im Moment wissen Sie noch nicht, was Sie unterwegs erwarten wird oder wie lang der Weg sein wird. Sie wissen nur, wohin es gehen soll und dass Sie eine Reise vor sich haben.

Um diese Reise antreten zu können, brauchen Sie ein umfangreiches Selbstbewusstsein und ein starkes Selbstvertrauen. Unterwegs werden Sie auf einige Hürden stoßen und vor schwierigen Entscheidungen stehen, die den gesamten Verlauf Ihrer Erfolgsgeschichte verändern können. Deshalb ist es wichtig, dass Sie sich bestens kennen und genau wissen, wie Sie stets in Ihrem eigenen Interesse und zu Ihrem Wohle entscheiden. Sie müssen sich vertrauen können und die Zuversicht haben, auch mit starken Widrigkeiten umgehen zu können und auch weiterzugehen, wenn Ihnen die Kraft und Motivation fehlt. Sie müssen überzeugt davon sein, dass Sie genau der Richtige für das sind, was Sie vorhaben.

Selbstbewusstsein und Selbstvertrauen sind keine Eigenschaften, die man sich einfach aus dem Ärmel schütteln kann. Sie sind so umfangreich und komplex, dass ich ein ganzes Buch darüber geschrieben habe und immer noch das Gefühl habe, nicht alles gesagt zu haben. Dennoch sind es Eigenschaften, auf die Sie nicht verzichten können. Es ist Ihr eigenes Leben, das Sie leben und deshalb müssen Sie sich stets auf sich verlassen können. Auf wen sonst? Es ist Ihre Pflicht, zu jeder Zeit zu Ihren Gunsten handeln zu können.

Ein Ziel zu verfolgen und nach Erfolg zu streben, ist nicht immer einfach. Lassen Sie uns ehrlich sein: Wäre es einfach, würden Sie dieses Buch nicht lesen. Wäre es einfach, würde ich diese Zeilen gar nicht erst schreiben, weil ich niemals darüber nachgedacht hätte. Aber dass es nicht einfach ist, ist kein Grund, gar nicht erst anzufangen. Im sicheren Hafen werden Sie nicht glücklich sein. Wie die Definition des Duden uns bereits verraten hat, müssen wir uns um den Erfolg zu bemühen. Er fliegt uns nicht zu.

Lassen Sie mich Ihnen ein sehr simples Beispiel geben: Stellen Sie sich einmal vor, es wäre Ihre Aufgabe, ein 100 Kg-Gewicht zu stemmen. Wenn Sie untrainiert und schwächlich sind, sehen Sie sich einer Aufgabe gegenüber, die Sie nicht bewältigen können. Ihre Reise würde an diesem Punkt enden. Sind Sie jedoch stark und durch und durch austrainiert, werden Sie dieses Gewicht mit Leichtigkeit stemmen.

Wenn Sie Ihre Erfolgsgeschichte als selbstbewusster Mensch beginnen, der viel Vertrauen in sich hat, dann werden Sie jede Hürde mit Leichtigkeit überwinden und auch bei schwierigen Entscheidungen stets wissen, was das Richtige ist.

Im Laufe Ihrer Reise werden Sie stärker werden. Mit jeder gut getroffenen Entscheidung werden Sie sicherer werden und nach jedem überwundenen Hindernis werden Sie mehr in sich selbst vertrauen. Je näher Sie Ihrem Ziel kommen, desto motivierter werden Sie sein, es endlich zu erreichen. Sie werden neue Kräfte mobilisieren und stolz auf sich sein. Mit jedem gegangenen Schritt in die richtige Richtung werden Sie mehr zu schätzen wissen, was Sie am Ziel erwartet.

Wie gut Sie am Anfang Ihrer Reise ausgerüstet sind, entscheiden Sie selbst. Es gilt: Je ausgeprägter Ihr Selbstbewusstsein und –vertrauen ist, desto leichter wird es Ihnen fallen, mit den Schwierigkeiten auf dem Weg umzugehen. Es bietet sich an, gut ausgerüstet zu starten, denn schließlich wollen Sie so schnell und unkompliziert wie möglich Erfolg haben!

3) Ein Marathonläufer sprintet nicht.

Dies ist ein Gedanke, der Ihnen viel Trost und Motivation spenden wird, wenn Sie das Gefühl haben, nicht schnell genug voranzukommen. Bleiben wir doch bei der Metapher des langen Weges. Stellen Sie sich Ihren Weg als Marathonlauf vor, auf den Sie sich mental gut vorbereitet haben. Zu Ihren wichtigsten Aufgaben gehört es, die Motivation und Ausdauer aufrecht zu erhalten, um durchgehend Fortschritte zu machen. Lassen Sie mich Ihnen ein Beispiel geben:

Vorhin habe ich Ihnen empfohlen, Ihre Ziele auf ein Blatt Papier zu schreiben. In diesem Beispiel haben Sie sich als oberstes Ziel gesetzt, eine bestimmte Menge an Körpergewicht zu verlieren. Dies ist der Erfolg, den Sie am liebsten haben möchten, um darauf aufbauend auch weitere Ziele erreichen zu können. Nun, die Gewichtsabnahme findet nicht statt, indem Sie nur daran denken, deshalb nehmen Sie sich eine gesündere Ernährung und mehr Bewegung vor. In den ersten Tagen sind Sie hochmotiviert. Sie kaufen im Supermarkt lauter Gemüse und fettarme Produkte und richten sich in Ihrem Alltag reichlich Zeit für Sport ein. Es fühlt sich gut an. Sie trainieren viel und essen wenig und haben das Gefühl, schon sehr bald Ihr Ziel erreicht zu haben, wenn es so weitergeht. Aber nach der ersten Woche fühlen Sie sich schwach und sind ständig schlecht gelaunt. Der Alltag zehrt an Ihren Kräften und der ständige Hunger ist auch keine große Hilfe. Zum Sport sind Sie viel zu müde, weshalb Sie das Workout auf den nächsten

Tag verschieben. Am nächsten Tag fühlen Sie sich aber noch nicht wirklich besser, weshalb der Sport wohl noch ein wenig warten muss. Es dauert nicht mehr lange, bis Sie zu alten Essgewohnheiten zurückkehren und sich sagen, dass es einfach nicht zu schaffen ist. Schließlich haben Sie es ja so intensiv versucht!

Hier kommt das Erfolgsprinzip „Ein Marathonläufer sprintet nicht“ ins Spiel. In diesem Beispiel waren die Maßnahmen zu radikal und intensiv. Sie sind vom Start weg losgesprintet und haben deshalb schon nach einem kleinen Bruchteil des Weges alle Kraft und Motivation aufgebraucht. Der Schlüssel zum Erfolg lautet hier „Beständigkeit“. Gehen Sie den Weg langsam, aber gehen Sie ihn. Es ist egal, wenn es länger dauert, denn Sie wissen eines genau: Wenn Sie sich zu viel zumuten und es überstürzen, werden Sie Ihrem Ziel niemals näher kommen.

Sie kennen doch bestimmt das Sprichwort: „Besser spät als nie“. Es trifft hier zu. In unserem vorherigen Beispiel der Gewichtsabnahme wäre es also ratsamer, die Ernährung minimal zu verändern und sich einfach ein wenig mehr zu bewegen als sonst. Potenzial zur Steigerung werden Sie immer noch haben, sobald Sie Ihren Rhythmus gefunden haben. Die Hauptsache ist aber, dass Sie Fortschritte machen und Ihren Weg weiterhin gehen. Auch kleine Schritte sind Schritte und immer noch besser als keine.

Ein amüsantes Symbol der Beständigkeit ist die Schildkröte. Sie ist Teil vieler Kindergeschichten, denn sie liefert dieselbe Lehre wie dieses Erfolgsprinzip. Die Schildkröte ist langsam, aber beständig. Sie ist tapfer und kommt immer an. Sie lässt sich von nichts aufhalten und vor allem nicht aus der Ruhe bringen. Nehmen Sie sich ruhig ein Beispiel daran.

Der US-amerikanische Autor Jim Rohn schrieb: „Die meisten Menschen überschätzen, was sie in einem Jahr tun können und unterschätzen, was sie in zehn Jahren tun können." Diese Aussage braucht keine weiteren Erläuterungen, denn sie ist stark und einleuchtend.

Die Beständigkeit ist eine Eigenschaft, die zu einem starken und geduldigen Charakter gehört und sie zahlt sich aus! Also tun Sie sich einen Gefallen und denken Sie an die folgenden Worte, wann immer Sie das Gefühl haben, nicht schnell genug zu Ihrem Erfolg zu kommen: „Ein Marathonläufer sprintet nicht."

4) Die kleinen Erfolge sind genauso wertvoll wie die großen.

Es gibt etwas, das viele Menschen nicht verstehen und deshalb haben sie Schwierigkeiten damit, mit sich und den eigenen Leistungen und Erfolgen zufrieden zu sein. Es ist ein simples und unscheinbares Prinzip, das Ihre ganze Weltanschauung verändern kann:

Ein Schwimmbecken ist nicht mit einer großen Menge Wasser gefüllt, sondern mit unzählig vielen kleinen Wassertropfen. Eine große Geldmenge ist nicht einfach eine Zahl, sondern die Summe aus unzählig vielen kleinen Beträgen. Erfolg ist nicht ein einziges, kurzzeitig Freude spendendes Ereignis, sondern die Summe aus unzählig vielen kleinen Erfolgserlebnissen.

Das Erreichen Ihrer Ziele ist die Summe aus all den Schritten, die Sie auf Ihrem Weg gehen. Jeder einzelne dieser Schritte bringt Sie näher dorthin, wo Sie sein möchten. Auch ein kleiner.

Wenn Sie sich vorgenommen haben, finanziell mehr Stabilität und Reichtum zu erlangen, dann sollten Sie jeden Euro, den Sie mehr als zuvor einnehmen, als Erfolg betrachten. Wenn Sie Gewicht verlieren möchten, sollten Sie jedes verlorene Gramm feiern und auch jedes Mal, das Sie ungesunden Versuchungen widerstehen konnten.

Durch das Anerkennen kleinerer Erfolge haben Sie viele Erfolgserlebnisse. Viel mehr als zuvor! Hier ist eins meiner liebsten kleinen Sinnbilder: Sie möchten eine Strecke von

1000 Metern gehen. Sie haben nun zwei Optionen. Option 1: Sie gehen die 1000 Meter und sind danach zufrieden. Option 2: Sie gehen 10 mal 100 Meter weit. Nach jeder 100 Meter-Etappe führen Sie sich kurz vor Augen, dass Sie Ihrem Ziel gerade ein beachtliches Stück näher gekommen sind. Am Ziel angekommen blicken Sie stolz auf 11 Erfolgserlebnisse zurück. 10 geschaffte Etappen und ein Gesamtsieg. Nun können Sie entscheiden, welche Option für Ihr Selbstvertrauen und Ihr Selbstwertgefühl effektiver ist. Das mag vielleicht banal klingen, aber unterschätzen Sie niemals die Macht, die die kleinen Erfolge in unserem Leben haben.

Wenn Sie heute zum ersten Mal eine Gitarre in die Hand nehmen und in 5 Jahren das Instrument perfekt beherrschen, dann möchten Sie doch nicht sagen müssen: „Tja, ich habe es einfach gelernt und jetzt kann ich gut spielen." Es sind doch die vielen Übungseinheiten, die Sie an diesen Punkt bringen. Die Geduld, die Sie aufbringen und die Beharrlichkeit, auch an schwierigen Stellen nicht aufzugeben. All die harten und auch amüsanten Lektionen geben Ihnen die Erfahrung und das Können, das Sie brauchen, um erfolgreich zu werden. Wissen Sie sich und Ihre Leistungen zu schätzen!

Ihr Weg ist ein Abenteuer. Am Ziel angekommen möchten Sie sich an all die harten und nervenaufreibenden Etappen erinnern und sagen können: „Das war es wert." Sie verdienen Wertschätzung für all das, was Sie auf sich nehmen, um Ihren Zielen näher zu kommen und sie letztendlich zu erreichen. Geben Sie sich diese Wertschätzung, indem Sie die kleinen Erfolge genießen.

Für Ihren Erfolg sind Sie selbst verantwortlich. Belohnen Sie sich also zwischendurch für Ihre Fortschritte. Sehen Sie es ruhig nach dem Motto: „Nach so vielen Erfolgserlebnissen darf jetzt auch mal eine Belohnung sein.“ Sie sind derjenige, der den Weg geht. Es ist also Ihre Aufgabe, die Motivation aufrecht zu erhalten.

Viele Menschen haben Schwierigkeiten damit, sich selbst zu loben und die eigenen Fortschritte anzuerkennen. Das liegt daran, dass wir unser ganzes Leben lang unsinnige Sätze wie „Eigenlob stinkt“ hören. Es ist ein weit verbreiteter Irrglaube, dass es edel ist, die Stärken anderer anzuerkennen und die eigenen zu untergraben. In anderen Büchern gehe ich ausführlich auf diesen und ähnliche Sachverhalte ein und auch an dieser Stelle möchte ich Ihnen sagen: Lassen Sie sich nicht von solch einem Unsinn davon abhalten, sich selbst das Lob zu geben, das Sie verdienen. Dass Sie Ihren Weg gehen, ist großartig!

Ich kenne Sie nicht persönlich, aber ich kann Ihnen etwas mit Gewissheit über Sie sagen: Sie lesen diese Zeilen und das bedeutet, dass Sie sich ernsthaft damit beschäftigen, effektiver zu Ihrem persönlichen Erfolg zu kommen. Wer es schafft, diesen ersten Schritt zu gehen, der wird auch die restlichen gehen. Sie werden es schaffen, davon bin ich überzeugt!

5) Dokumentieren ist die halbe Miete.

Wir haben vorhin über die Wichtigkeit der kleinen Erfolge gesprochen. Sie zu erkennen und sie zu schätzen ist das Eine. Mindestens genauso wichtig ist es, sie sich auch zu merken, um immer wieder auf seine Erfolge zurückblicken zu können. Auf diese Weise wird das Selbstbewusstsein und –vertrauen gestärkt und der restliche Weg wirkt plötzlich wesentlich verkürzt. Leider aber fällt es uns oft schwer, die Erfolge (vor allem die kleinen) langfristig im Gedächtnis zu behalten.

Dies liegt unter anderem auch wieder daran, dass wir uns nur schwer Lob geben können. Wenn Sie wirklich erfolgreich sein möchten, müssen Sie diese Lanze brechen und sich gerne mal auf die Schulter klopfen können. Schließlich sind Sie derjenige, der den Erfolg möglich macht.

Um Ihre Erfolge dokumentieren zu können, empfehle ich Ihnen ein Erfolgstagebuch. Nehmen Sie sich ein kleines Notizbuch oder besser einen Buchkalender, in den Sie täglich hineinschreiben, was Ihnen gut gelungen ist und womit Sie Erfolg hatten. Darin sollen vor allem die kleinen Erfolge stehen! Seien Sie gnadenlos optimistisch.

Wenn Ihr Ziel eine Gewichtsabnahme ist, dann schreiben Sie in Ihr Erfolgstagebuch, wenn Sie einen Verdauungsspaziergang gemacht haben oder Süßigkeiten widerstehen konnten. Wenn Sie dabei sind, ein Business aufzubauen, dann dokumentieren Sie jeden positiven Schritt in die richtige Richtung: Sogar das Säubern und Einrichten des Büros. Schreiben Sie es sich als Erfolg auf, wenn Sie den ersten Ordner für Ihre Akten gekauft haben. Halten Sie auf Papier fest, dass Sie jede Menge Schritte in die richtige Richtung machen.

An dieser Stelle mögen Sie vielleicht noch skeptisch sein und sich fragen, ob das wirklich etwas bringen kann. Ich kann es nur bejahen und empfehlen. Die Empfehlung, ein Erfolgstagebuch zu führen, erhielt ich vor einigen Jahren von einem Motivationscoach. Dieses kleine Ritual, mir abends 5 Minuten Zeit dafür zu nehmen, hat mein Leben verändert. Ein ganzes Buch zu haben, in dem nur drin steht, was man richtig macht, bereichert das eigene Selbstvertrauen. Hürden im Alltag werden kleiner und Kritik durch andere wirkt plötzlich schwach. Es gibt nur eine Meinung über Sie, die entscheidend ist und das ist Ihre eigene!

Ein Erfolgstagebuch zu führen, kostet Sie vielleicht 5 Minuten am Tag. Dennoch verlieren die meisten Menschen schnell den Anschluss und hören nach ein paar Tagen wieder auf. Und das, obwohl es doch so eine leichte Sache ist. Ich möchte Ihnen sagen, warum die meisten Menschen so schnell aufgeben: Weil es noch leichter ist, das Buch nicht zu führen. Natürlich ist es keine Anstrengung, sich am Ende des Tages 5 Minuten mit dem Buch hinzusetzen und sich zu notieren, was alles gut gelungen ist. Aber es bedeutet noch weniger, bzw. keine Anstrengung, es einfach zu lassen und das ist der Weg, den die Mehrheit geht. An dieser Stelle sollten Sie sich fragen, wie viel Ihnen das Erreichen Ihrer

Ziele wert ist. Auch wenn Sie vielleicht noch nie von so etwas wie einem Erfolgstagebuch gehört haben: Ist es nicht einen Versuch wert, wenn diese kleine Methode Ihnen zu Ihrem ersehnten Erfolg verhelfen kann? Wer nicht bereit ist, neue Wege zu gehen, wird oft in Sackgassen landen.

Um Erfolg zu haben, entwickelt man nicht nur Geschäfte, Situationen und Umstände in bestimmte Richtungen. Man entwickelt vor allem sich selbst. Sie sind der Mensch, der Erfolg haben wird und Sie müssen lernen, mit Erfolg umzugehen. Aus diesem Grund steht die persönliche Entwicklung in diesem Buch sehr weit im Vordergrund. Ich möchte Ihnen dazu ein Beispiel geben:

Nehmen wir an, Ihr Ziel ist es, eine große Maschine zu bauen, die viele Funktionen hat und Ihre Arbeit revolutionieren wird. Sie planen und konzipieren die Maschine und beginnen schließlich mit dem Bau. Sie stecken all Ihre Zeit und Ihr Herzblut in die Arbeit und werden schließlich nach langer Bauzeit fertig. Dies ist ein entscheidender Moment: Stehen Sie nun vollkommen ratlos vor der Maschine, weil Sie nicht richtig wissen, wie Sie sie bedienen sollen oder haben Sie sich während des Baus mitentwickelt und darauf eingestellt, um sofort loslegen zu können?

Wie gehen Sie damit um, wenn Sie plötzlich Ihr Ziel erreicht haben und erfolgreich sind? Wenn Sie plötzlich das erreicht haben, wonach Sie sich gesehnt haben und sich gewissermaßen fragen, wie Sie eigentlich dorthin gekommen sind, werden Sie nur wenig Mehrwert aus der Situation ziehen können. Mental nicht erfolgreich zu sein, aber tatsächlich in einer Erfolgssituation zu leben, wird Sie daran hindern, den Erfolg anzuerkennen und Sie erneut unzufrieden machen. Der ganze Weg würde sich kaum gelohnt haben. Wenn Sie sich allerdings bereits daran gewöhnt haben, Erfolge zu haben, da Sie sie Tag für Tag verzeichnen können und dokumentieren, werden Sie besser mit der Situation umgehen können und die maximale Zufriedenheit verspüren.

Mit dem Erfolgstagebuch erfinden Sie das Rad nicht neu, aber Sie bringen es ordentlich zum Rollen. Viele erfolgreiche Menschen haben eines geführt, bevor sie ihren Durchbruch hatten und tun es auch danach weiterhin. Ein erfolgreicher und selbstbewusster Mensch muss sich stets im Klaren über seine Stärken und Fähigkeiten sein. Eine schriftliche Dokumentation dessen ist dabei sehr hilfreich. Investieren Sie ruhig ein wenig Geld in ein schönes, gebundenes Buch. Sie sollen eine positive Verbindung dazu haben und es gerne in die Hand nehmen. Es soll ein angemessenes Behältnis sein, um Ihre Leistungen und Errungenschaften festzuhalten.

Seien Sie immer optimistisch und geben Sie sich viel Lob. Ich verzeichne es sogar als Erfolg in meinem Buch, wenn mir beim Kochen ein Gericht besonders gut gelungen ist. Das mag auf den ersten Blick seltsam wirken, aber Tatsache ist: Es ist etwas Positives. Etwas, das ich gut kann. Sie können auch eine Menge Sachen gut. Schreiben Sie sie auf!

6) Misserfolge sind nicht nur hilfreich, sondern notwendig.

„Misserfolg ist lediglich eine Gelegenheit, mit neuen Ansichten noch einmal anzufangen.“ – Henry Ford

Es gibt viele Dinge, die uns daran hindern, erfolgreich zu sein. Dazu gehören vor allem Ausreden. Von all den Ausreden, die uns einfallen, ist eine besonders skurril:

„Wenn ich wollte, könnte ich...

- ...sofort mit dem Rauchen aufhören,
- ...jederzeit studieren gehen und einen guten Abschluss machen,
- ...ganz einfach 10 Kg Körpergewicht verlieren,
- ...mir sofort einen besseren Job suchen und mehr Geld verdienen,
- ...mich selbstständig machen und unabhängig arbeiten,
- ...weniger eifersüchtig und stattdessen einfach zufrieden sein,
- ...schnell eine/n Partner/in finden und eine glückliche Beziehung führen,

...ABER warum sollte ich? Es ist okay, so wie es ist.“

Kommt Ihnen etwas davon bekannt vor? Kennen Sie jemanden, der solche Aussagen macht oder haben Sie sich selbst schon einmal einen dieser Sätze sagen hören?

Warum sagen wir solche Sachen? Warum äußern wir, was eigentlich unsere Wünsche sind und dass sie leicht zu verwirklichen sind, aber geben uns mit weniger zufrieden? Die Antwortet lautet: Weil wir Angst vor dem Scheitern haben.

Wenn wir wirklich danach streben würden und dann scheiterten, obwohl (!) wir behauptet haben, dass es eigentlich ganz einfach sei, dann müssten wir uns eingestehen, dass wir versagt haben. Was wir immer für leicht und unproblematisch gehalten haben, bliebe uns plötzlich versagt und die Illusion, es doch schaffen zu können, wäre fort. Wir würden mit Unzufriedenheit zurückbleiben und es nicht erneut wagen, nach den Sternen zu greifen.

Die Angst vor dem Scheitern bringt uns also dazu, auf der sicheren Seite zu bleiben und uns mit dem zufriedenzugeben, was bereits ist. Das, was sein könnte und das Leben bereichern würde, ist fern. Wir reden uns ein, dass wir eigentlich könnten, aber es nicht nötig haben, weil alles okay ist.

Ich möchte, dass Sie verstehen, wie sehr diese Einstellung uns fesseln und einschränken kann. Die Angst vor dem Misserfolg darf nicht dafür verantwortlich sein, dass wir erfolglos bleiben und uns nicht auf den Weg zu unseren Zielen machen.

Das Ausschlaggebende ist hier die falsche Einschätzung von Misserfolgen. Wir fürchten uns vor der Niederlage und wollen sie tunlichst vermeiden. Die Einstellung, die viele Menschen haben, ist: „Warum einen sicheren Hafen verlassen, um dann sowieso zu scheitern?“ Lassen Sie mich

Ihnen eines sagen: Scheitern ist nicht schlimm! Sie MÜSSEN scheitern, um erfolgreich zu werden. Es ist nicht nur so, dass ein Rückschlag Ihnen eine Hilfe sein kann. Ein Rückschlag ist ein MUSS auf Ihrem Weg zum Erfolg.

Erst wenn Sie Fehler machen, lernen Sie, wie etwas richtig geht. Lassen Sie mich Ihnen ein ganz simples Beispiel geben:

Wenn Sie zum ersten Mal mit einem Basketball in der Hand vor einem Basketballkorb stehen, wissen Sie noch nicht so recht, wie Sie die Sache angehen sollen. Wo stehen Sie beim Wurf und wie werfen Sie? Auf welche Weise halten Sie den Ball und muss der Ball in einem hohen oder flachen Bogen fliegen? Sie probieren es also aus und es ist höchst wahrscheinlich, dass Sie einige Male daneben, drunter oder drüber werfen werden, bevor Ihnen der erste Treffer gelingt. Jedes Mal, wenn Sie den Korb nicht treffen, wissen Sie: „Aha, so geht es nicht. Also versuche ich es mal anders." Das ist ganz selbstverständlich. Schließlich würden Sie doch nicht aufhören, nur weil Sie beim ersten Wurf nicht getroffen haben, oder? Es ist doch klar, dass Sie beim ersten Versuch nicht treffen, weil Sie es noch nie gemacht haben. Erst nach weiteren Versuchen und logischen Überlegungen gelingen Ihnen die ersten Treffer und mit der Zeit werden sie immer eleganter und professioneller.

Das Seltsame ist: Bei einer solch banalen Sache aus dem Alltag erscheint es uns völlig selbstverständlich, einige Fehlversuche zu BRAUCHEN, bevor es anständig klappt. Bei anderen Dingen, wie den zu Beginn genannten Beispielen, gilt zwar dasselbe Prinzip, aber wir wagen es trotzdem nicht.

Den allerwenigsten Menschen ist es vergönnt, für eine gewisse Sache ein Talent zu haben und dieses zu finden. In unserem Beispiel gibt es nur sehr (!) wenige Menschen, die beim ersten Wurf in den Korb treffen würden.

Sie sehen also, dass es vollkommen natürlich und auch richtig ist, nicht beim ersten Versuch Erfolg zu haben. Und das ist auch gut so! Der Weg zum Erfolg ist ein Lernprozess, der uns stark und weise macht.

Der Psychologe und Buchautor Dr. Joseph Murphy lehrte zu seinen Lebzeiten, dass jedes „Nein“ eine Treppenstufe auf dem Weg zum großen „Ja“ ist. Wer nicht die Antwort erhält, die er hören möchte, stellt einfach noch die falsche Frage. Wer nicht in den Korb trifft, hat noch die falsche Wurftechnik. Jeder Misserfolg ist in Wirklichkeit ein Erfolg. Sie gelangen per Ausschlussverfahren zu Ihrem Ziel. Sie werden genau wissen, was funktioniert und was nicht. An Ihrem Ziel angekommen, werden Sie jeden Rückschlag und jeden Misserfolg zu schätzen wissen und verstehen, wie notwendig und hilfreich sie waren.

Haben Sie keine Angst vor dem Scheitern. Lassen Sie sich nicht von Ausreden davon abhalten, das zu erreichen, was Sie in Wirklichkeit erreichen möchten. Die eingangs erwähnten Ausreden sind deshalb so unglaubwürdig, weil sie gegen die menschliche Natur widersprechen. Wir streben von unserem natürlichen Wesen her nach dem Besten für uns. Gesundheit, Zufriedenheit und Erfolg sind unsere natürlichen Bedürfnisse. Befriedigen Sie diese Bedürfnisse und haben Sie keine Angst vor Misserfolgen.

7) Große Erfolgsgeschichten erzählen von großen Niederlagen.

Sie wissen nun, dass die Angst vor dem Scheitern unbegründet ist und Sie Misserfolge brauchen, um wirklich erfolgreich zu werden. Um dies zu bestärken, möchte ich Ihnen einige Beispiele von Erfolgsgeschichten geben.

Die Erfolge anderer sollten niemals ein Maßstab für das sein, was Sie leisten (worüber wir später noch ausführlich sprechen werden), aber in diesem Fall ist es ein positiver Vergleich, der Ihnen vor Augen führt, was alles möglich ist.

Haben Sie schon einmal den Namen Richard Branson gehört? Es gibt gewisse Merkmale, die ihn zu internationaler Berühmtheit geführt haben: Richard Branson ist Selfmade-Milliardär, hat spektakuläre Weltrekorde aufgestellt, wurde von der Königin von England zum Ritter geschlagen und ist der Kopf der internationalen Unternehmensgruppe „Virgin". So beeindruckend das alles auch klingen mag, ist es nicht das, was ich an diesem Mann so bemerkenswert finde. Mit ihm hat es etwas Erstaunlicheres und Lehrreicheres auf sich: Richard Branson ist Legastheniker und sagt von sich selbst, heute würde man wahrscheinlich ein Aufmerksamkeitsdefizitsyndrom diagnostizieren, aber in den 60er Jahren habe man davon noch zu wenig gewusst. Er hat die Schule damals frühzeitig abgebrochen, ohne einen Schulabschluss zu erlangen. Im Alter von 20 Jahren machte er sich selbstständig und beschritt damit einen Weg, der ihn zu all dem geführt hat, was er heute lebt. In seinen Büchern gibt er den Lesern immer wieder den Rat, Risiken einzugehen. Er selbst ist zahlreiche Risiken eingegangen, geriet mit dem Gesetz in Konflikt, stand mehr als einmal kurz vor der Pleite und hat viele erfolglose Firmen gegründet und somit Geld in den Sand gesetzt. Trotzdem bereut er nichts von all dem. Er sieht die harten Rückschläge als Lektionen, die notwendig waren, um sein Firmenimperium aufbauen zu können. Er setzte sich über all die Menschen hinweg, die ihn aufgrund seiner Legasthenie verspotteten und als „Störenfried" bezeichneten. Seine Ziele waren klar gesetzt und er hatte keine Angst vor dem Scheitern. Das machte ihn erfolgreich.

Mohandas Gandhi, oder auch den meisten als Mahatma Gandhi bekannt, starb vor mittlerweile fast 70 Jahren und trotzdem sind seine Worte und Taten unvergessen geblieben. Sein Einfluss und sein Erfolg waren so stark und wirksam, dass wir immer noch durch ihn inspiriert und motiviert werden. Obwohl Gandhi ein friedlicher und gewaltfreier Mensch war, erfuhr er extremes Unrecht, erlebte große Gewalt und verbrachte rund acht Jahre seines Lebens in Gefängnissen. All diese Rückschläge konnten ihn nicht daran hindern, enorme Schritte gegen die Rassentrennung einzuleiten und die britische Kolonialherrschaft über Indien zu beenden. Dies sind nur sehr knappe Ausführungen über all das, was Gandhi erreicht hat und wozu er Menschen inspiriert hat und immer noch inspiriert. Das Wichtige, worauf ich hinausmöchte, ist: Trotz aller Hürden und Umstände hat Gandhi es geschafft, die Welt zu verändern und dies über seinen Tod hinaus weiterhin zu tun. Eines seiner wichtigsten Instrumente dabei war die Beharrlichkeit.

Für ihn war das Aufgeben keine Option. Er hat an das geglaubt, was er tat und niemals davon abgelassen. Die Hürden schienen unüberwindbar und man versicherte ihm, er würde mit seinem Verhalten keinen Schritt weiterkommen. Trotzdem setzte er sich gewaltfrei durch. Gandhis Lebensweg ist für die wenigsten von uns erstrebenswert und teilweise auch nicht mehr zeitgemäß. Was jedoch unverändert mächtig ist, ist die Beharrlichkeit. Lassen Sie sich auf Ihrem Weg niemals von Ihren Zielen abbringen, dann werden Sie sie auch erreichen.

Ich habe ein weiteres Beispiel einer Erfolgsgeschichte für Sie. Dieses Beispiel mag Ihnen vielleicht skurril vorkommen, aber lassen Sie es ruhig wirken. Sie kennen mit Sicherheit Arnold Schwarzenegger und offen gestanden werden Sie bestimmt schon das ein oder andere Mal negativ über ihn gedacht oder zumindest gelacht haben. Man kennt ihn als aufgepumpten Muskelprotz, der wenig ernst zu nehmende Rollen in großen Hollywood-Produktionen gespielt hat und als jemanden, der in der Öffentlichkeit schon das ein oder andere Fettnäpfchen betreten hat. Abseits davon jedoch muss man ihn als sehr erfolgreichen Menschen anerkennen. Vor allem unter Berücksichtigung unserer Definition von persönlichem Erfolg. Er hat seine überaus ehrgeizigen Ziele verwirklichen können. Allen voran das in seiner Jugend gesteckte Ziel, der beste Bodybuilder aller Zeiten zu werden. Mit sieben Titeln des internationalen Wettbewerbs „Mr. Olympia“ und der Tatsache, dass er eine lebende Legende dieses Sports ist, ist ihm das wohl gelungen, obwohl man ihm vom Verfolgen dieser Karriere abgeraten hatte. Seine

Familie in Österreich war konservativ und stellte sich für ihn ein gutbürgerliches Leben vor. Er gibt an, seine Faszination für das Bodybuilding und dessen Akteure habe seine Mutter zum Weinen gebracht. Im Jahre 2009 hielt Schwarzenegger eine Rede vor Studenten der University of Southern California. In dieser Rede sprach er von den Regeln des Erfolges und seinen Erfahrungen. Eine zu unserem Thema passende Aussage würde ich gerne daraus extrahieren:

„Don't be afraid to fail. Anything I've ever attempted, I was always willing to fail."

Frei übersetzt bedeutet das: „Fürchtet euch nicht davor, zu scheitern. Bei allem, was ich jemals versucht habe, war ich immer bereit zu scheitern."

Erkennen Sie langsam den roten Faden, der sich durch all die Erfolgsgeschichten zieht? Die Angst vor dem Scheitern ist kein Grund, seinem Erfolg nicht entgegenzugehen. Sie brauchen Rückschläge, um aus ihnen zu lernen. Wenn Sie wirklich etwas schaffen wollen, dürfen Sie sich auf keinen Fall aufhalten lassen, weil Sie die Niederlage fürchten. Wenn Sie scheitern, beweist das nicht, dass Sie verloren haben. Es beweist, dass Sie etwas versucht haben! Und es hilft Ihnen, es beim nächsten Mal besser zu machen.

Ich habe noch sehr (!) viele andere solcher Erfolgsgeschichten auf Lager, aber ich werde es bei diesen belassen. Schließlich soll es kein eigenes Buch über die Erfolgsgeschichten anderer Menschen geben. Mir ist nur wichtig, Ihnen zu zeigen, was für eine überaus wichtige Rolle

Misserfolge und Rückschläge auf Ihrem Weg zum Erfolg spielen.

Nehmen Sie sich also ruhig zu Herzen, was Arnold Schwarzenegger sagt: Fürchten Sie sich nicht davor, zu scheitern. Seien Sie immer bereit zu scheitern und daraus lernen zu können.

8) Kein Risiko einzugehen, ist riskanter als Risiken einzugehen.

„Im Hafen sind Schiffe am besten aufgehoben, aber dafür hat man sie nicht gebaut." – Sprichwort

„Man bereut im Leben nicht das, was man gemacht hat, sondern immer nur das, was man nicht gemacht hat." – Sprichwort

Die Überschrift dieses Erfolgsprinzips muss man sich meist zweimal durchlesen, bevor sie wirkt. Tatsache ist aber: In ihr steckt sehr viel Wahres.

Die Angst vor dem Scheitern ist nicht die einzige Angst, die uns daran hindert, nach unserem persönlichen Erfolg zu streben. Es gibt eine weitere Angst, die uns festhält und uns nicht den sicheren Hafen verlassen lässt: Die Angst vor dem Unbekannten.

Die beiden Sprichwörter, die ich zu Beginn dieses Abschnitts angeführt habe, zeigen Ihnen, worauf ich hier hinaus möchte. Der Erfolg, nach dem Sie sich sehnen, befindet sich außerhalb Ihrer Komfortzone und Sie müssen zu ihm hingehen. Er wird sich nicht auf den Weg zu Ihnen machen. Erfolg zu haben, ist wie ein gerechter Deal: Sie machen sich die Mühe, erfolgreich zu werden und dafür werden Sie mehr als überschwänglich belohnt und erlangen Zufriedenheit, Selbstbewusstsein, mehr Lebensqualität und all das, was Sie sich erhofft haben. Getreu dem Titel eines Kinderbuchs (von Els Pelgrom) gilt im Leben: „Umsonst geht nur die Sonne auf".

Es gibt viele Bücher, Studien und Reportagen darüber, was Sterbende am meisten bereuen. In all diesen Dokumentationen kristallisiert sich unter anderem immer heraus, dass die Menschen bereuen, ihr Leben nicht nach den eigenen Vorstellungen gelebt zu haben. Sie bereuen, nicht nach den Sternen gegriffen zu haben und keine Risiken eingegangen zu sein. Das Leben im sicheren Hafen hat sie nicht erfüllt. Hätten sie die Chance, es noch einmal anders zu machen, würden sie den Hafen verlassen und nach ihrem persönlichen Erfolg streben.

Wir Menschen sind neugierige Wesen und wollen unsere Neugier stets befriedigt wissen. Wenn Sie ein Risiko nicht eingehen, werden Sie niemals wissen, wie die jeweilige Sache, die Sie nicht gewagt haben, ausgegangen wäre. Wie wichtig das für Sie ist, müssen Sie selbst wissen. Aber oft kann es ein furchtbar schwerer Schlag sein, ein Risiko nicht einzugehen und später zu erfahren, dass es sich gelohnt hätte.

In meinem Buch „30 Gedanken, die Ihr Leben bereichern werden“ erzähle ich die Geschichte von einem guten Freund von mir, der mit einer innovativen Geschäftsidee zu mir kam und mich um Rat fragte. Ich war von seinem Vorschlag begeistert und gab ihm meinen Daumen nach oben. Was er mir präsentierte, klang vielversprechend und profitabel. Er durchdachte sein Konzept wieder und wieder und kam zu keinem vernünftigen Schluss. Das Schlimmste war für ihn, dass er einen Kredit aufnehmen musste, um starten zu können und er fürchtete sich vor der Veränderung und vor einem möglichen Misserfolg. Es bedeutete für ihn, seinen Job aufzugeben und gleichzeitig Schulden aufzunehmen. Er beschloss schließlich, dass sein Leben eigentlich gut sei und verwarf die Idee. Er redete sich ein, die Gier nach Erfolg sei falsch und er würde das alles nicht brauchen. Wenige Monate später startete ein junges Unternehmen mit einer ähnlichen Idee durch und ist heute mehrere Millionen Euro wert. Mein Freund kann sich bis heute nicht verzeihen, nicht auf seinen inneren Ruf gehört zu haben.

Verlassen Sie Ihre Komfortzone und beginnen Sie Ihr eigenes Abenteuer. All die Dinge, die Sie sich ersehnen, befinden sich außerhalb und warten darauf, von Ihnen abgeholt zu werden. Woher ich weiß, dass Sie diese Dinge nicht in Ihrer Komfortzone finden werden? Ganz einfach: Sie lesen diese Zeilen.

Haben Sie keine Angst vor dem Unbekannten. Sie werden niemals wissen, was Sie auf Ihrem Weg erwarten wird. Sie können nur dafür sorgen, für möglichst vieles gewappnet zu sein. Wenn Sie morgens aus dem Haus gehen, wissen Sie auch noch nicht, was Sie unterwegs erwarten wird. Ist das ein Grund, das Haus nicht mehr zu verlassen?

Mit Büchern wie diesem und einer rationalen und positiven Einstellung stärken Sie sich für Ihren Weg zum Erfolg. Sie können allerdings nicht auf alles vorbereitet sein und es erwarten Sie Risiken. Lernen Sie damit umzugehen, indem Sie mehr Selbstbewusstsein an den Tag legen und sich sagen, dass Sie es schaffen können.

Wenn Sie es versuchen und scheitern, dann finden Sie auf jeden Fall einen Weg, sich wieder aufzurappeln und von vorne zu beginnen. Wenn Sie es jedoch niemals versuchen, laufen Sie Gefahr, irgendwann zu bereuen. Es gibt die Redewendung: „Es ist niemals zu spät“. Sie ist nicht ganz zu 100% korrekt. Es gibt einen kurzen Moment kurz vor dem Ende, an dem es doch zu spät ist. Niemand von uns sollte ihn erleben müssen.

9) Der Weg ist NICHT das Ziel.

In meinen Büchern, auf dem Blog und in Beratungsgesprächen betone ich diesen Punkt immer wieder und ich werde ihn auch nicht hier auslassen: „Der Weg ist das Ziel“ ist eine gefährliche Ausrede, die uns davon abhält, mehr Erfolg, Zufriedenheit und Selbstbewusstsein zu erlangen. Im Gegenteil: Diese Einstellung kann zu Frust und Enttäuschungen führen.

Dass Sie erst einmal auf den Weg kommen müssen, um durchstarten zu können, ist vollkommen richtig. Die Devise: „Weniger denken, mehr handeln“, hat sich für viele Menschen bezahlt gemacht und wird auch von mir guten Gewissens empfohlen. Das Schwierigste ist immer, den Stein ins Rollen zu bekommen. Ist dieser Schritt erst einmal getan, läuft der Rest wie von selbst. Allerdings sollte das Beschreiten Ihres Weges nicht als Ziel betrachtet werden. Beim Start Ihrer Reise sollten Sie Ihr wirkliches Ziel fest vor Augen haben, um genau zu wissen, wohin es geht.

Wer darauf vertraut, dass der Weg das Ziel ist, wird nicht merken, wenn er sich in einem Hamsterrad befindet und nicht vorwärts kommt. Wer sich damit zufrieden gibt, irgendeinen Weg zu gehen, wird nicht merken, wenn er den falschen Weg geht. Sich blind darauf zu verlassen, dass der Weg das Ziel ist bedeutet, das eigentliche Ziel aus den Augen zu verlieren.

Vergessen Sie niemals, was das Ziel ist: Es ist das Ziel. So einfach ist das. Setzen Sie sich große Ziele, damit Sie sie nicht aus den Augen verlieren. Dass Sie nicht wissen, was Sie auf Ihrem Weg erwarten wird, ist nicht schlimm und ganz normal. Wichtig ist nur, dass Sie wissen, wohin es gehen soll.

Geben Sie sich niemals allein damit zufrieden, auf dem Weg zu sein. Erfolg und die dazugehörige Zufriedenheit erlangen Sie erst, wenn Sie Ihr Ziel erreicht haben.

Am Ziel angekommen, wird Ihr Weg noch lange nicht zu Ende sein. Sie werden immer Ambitionen haben und jeder Erfolg wird Ihnen den Mut und die Kraft geben, sich auf weitere Reisen zu weiteren Zielen zu machen. Ihre genaue Vorstellung von dem, was Sie erreichen möchten, wird immer Ihr Navigationssystem sein. Sie sind unterwegs darauf angewiesen. Verlieren Sie nicht den Fokus.

Unterwegs werden Sie sich oft fragen, ob Sie auch den richtigen Weg gehen. Im Alltag werden Sie oft an Grenzen stoßen, da Sie mehr arbeiten, Entbehrungen machen, Disziplin beweisen und neue Seiten an sich kennenlernen. Die Antwort auf diese Frage des Zweifels ist recht simpel: Stellen Sie es sich ganz bildlich vor. Solange Sie Ihr Ziel in der Ferne sehen können, sind Sie auf dem richtigen Weg. Solange Sie wissen, weshalb Sie mehr arbeiten, entbehren und sich disziplinieren, wird es niemals umsonst gewesen sein.

10) Erfolg hat einen Preis. Beziffern und bezahlen Sie ihn.

Wir leben in einer Welt, in der beinahe alles käuflich ist. Das Kaufen geht weit über materielle Dinge hinaus: Die einen behaupten, man könne Menschen und ihre Meinungen kaufen, die anderen sagen, man könne Liebe kaufen und wieder andere sagen, das Glück sei käuflich. Nun, wenn das so ist, dann möchte ich behaupten, dass auch Erfolg käuflich ist. Aber nicht unbedingt mit Geld.

Wenn wir etwas kaufen möchten, dann gibt es immer zwei Fragen, die dafür entscheidend sind:

1) Wie viel soll es kosten?
2) Kann ich mir das leisten? / Bin ich bereit, das zu zahlen?

Nun ist es so, dass Ihr Erfolg keine Handtasche hinter einem Schaufensterglas ist, sondern etwas Abstraktes, dem Sie selbst einen Wert geben müssen. Diesen Wert bezahlen Sie nicht mit Geld, sondern mit dem, was Sie zu zahlen bereit sin, bzw. mit Ihren persönlichen Ressourcen. Lassen Sie uns die beiden Fragen also ganz individuell angehen.

<u>Zu Frage 1:</u>

Um Frage 1 neu formulieren und beantworten zu können, sind zwei Schritte notwendig. Der erste Schritt ist, Ihr Ziel ganz klar zu formulieren und möglichst zu beziffern. Ein Beispiel: Wenn Sie es als Erfolg definieren, mehr Geld einzunehmen, dann setzen Sie sich nicht das Ziel: „Ich möchte mehr Geld verdienen", sondern zum Beispiel: „Ich möchte in den nächsten 12 Monaten 10.000 Euro mehr einnehmen als bisher." Wenn Sie Gewicht verlieren möchten, dann geben Sie sich einen Zeitraum und eine Menge an Gewicht, die Sie loswerden wollen. Wenn Sie eine Firma gründen wollen, dann sprechen Sie von Firma x mit einem Jahresumsatz von xx, usw. Konkretisieren Sie, was genau zu schaffen ist, damit ein Preis festgelegt werden kann. Sie gehen schließlich auch nicht zum Obsthändler und sagen einfach: „Ich hätte gerne Bananen." Sie haben eine Vorstellung davon, wie viele es sein sollen und bekommen anhand dessen einen Preis genannt.

Kommen wir nun zu Schritt 2: Sie müssen eine „Währung" festlegen und umrechnen. Den Erfolg, den Sie konkretisiert haben, können Sie nicht mit Geld bezahlen. Stattdessen müssen Sie sich überlegen, womit Sie stattdessen zahlen. Um 10.000 Euro mehr einzunehmen, zahlen Sie mit mehr Arbeit, mehr Engagement und viel Zeit. Um Gewicht abzunehmen, zahlen Sie, indem Sie eine Diät machen, mehr Sport betreiben, usw. Sie sehen, worauf das hinausläuft.

Im Prinzip machen Sie sich einen exakten Plan davon, was Sie konkret erreichen möchten und was es Sie persönlich kosten wird. Denn die Währung, mit der Sie zahlen, sind Ihre persönlichen Ressourcen. Und nun, da Ihre Erfolgsziele ein Preisschild tragen, müssen Sie die Entscheidung treffen, ob die Sache den Preis wert ist. Damit kommen wir zu Frage 2.

Zu Frage 2:

Wenn Sie die finanziellen Mittel hätten, würden Sie vielleicht 100.000 Euro für ein Luxusauto ausgeben. Das kann ich nicht genau sagen, da ich Sie nicht persönlich kenne. Aber ich kann eines mit Sicherheit sagen: Sie würden diese 100.000 Euro nicht für einen Kleinwagen ausgeben. Wir sind immer darauf aus, ein möglichst gutes Geschäft zu machen und unser Geld nicht zu verschwenden oder unter Wert wegzugeben. Genau so sollten wir es auch mit unseren Ressourcen halten.

Manchmal sind wir von bestimmten Eindrücken oder spontanen Ideen so begeistert und motiviert, dass wir bereit sind, viele Ressourcen für wenig Erfolg auszugeben. Unterwegs merken wir schnell, dass wir einen schlechten Deal abgeschlossen haben und verlieren den Mut. Wir verlieren sogar noch viel mehr: Unsere Ressourcen. All die Energie, den Wagemut, die Disziplin, die Entbehrungen und vor allem kostbare Zeit.

Aus diesem Grund bietet es sich an, seine Ziele genau zu „beziffern“, wie es in diesem Abschnitt beschrieben wird. So wie Sie keine 100.000 Euro für einen Kleinwagen ausgeben wollen, wollen Sie auch nicht Ihre Zeit und Energie für etwas aufbringen, das die Mühe vielleicht gar nicht wert ist.

Eine solche „Rechnung“ kann auch dabei helfen, seine Ziele realistisch anzupassen. Wenn Sie dabei merken, dass ein Zusatzverdienst von 10.000 Euro in den kommenden 12 Monaten zu hoch gestochen ist, können Sie den Preis immer noch anpassen, anstatt das Ziel vollständig aufzugeben.

Dasselbe gilt auch für alle anderen Beispiele und Situationen.

Vielleicht stellen Sie fest, dass Sie für 10.000 Euro Mehrverdienst im Jahr zu viel Zeit mit Ihren Liebsten aufgeben müssten und dass es die Sache nicht wert wäre. Würden Sie mit demselben Zeit- und Arbeitsaufwand gleich 100.000 Euro mehr einnehmen können, wäre der Deal schon attraktiver. Schließlich würde die Familie im Austausch gegen die entbehrte Zeit auch mehr Stabilität und Möglichkeiten bekommen.

Sie sehen also, dass Sie möglichen Misserfolgen und Rückschlägen präventiv entgegenwirken können, indem Sie das, was Sie begehren, genau beziffern. Manchmal ist die Handtasche hinter dem Schaufensterglas doch etwas zu teuer und man muss sich eingestehen, dass Sie der aktuellen Situation nicht angemessen ist. Das heißt nicht, dass man sie dann aufgeben muss. Es bedeutet nur, dass man seine Situation neu überdenken und anpassen muss, um zu dem zu kommen, was man begehrt.

Ihre Ziele mit einem Preis zu beziffern mag Ihnen vielleicht banal vorkommen, aber Sie würden nicht glauben, wie viele Menschen einen schlechten Deal bereuen, der sie ihre Ressourcen gekostet hat. Man kann sich schnell selbst in solch einer Situation wiederfinden und deshalb sollte man eine kleine Preiskalkulation in Erwägung ziehen.

Ein wichtiger Hinweis noch: Lassen Sie sich niemals von hohen Preisen abschrecken. Sie können sich mehr leisten als Sie vielleicht denken.

11) Wer Leidenschaft empfindet, wird niemals arbeiten.

Es gibt verschiedene Arten, seinen Weg zu gehen und es gibt verschiedene Dinge, die unsere Kraft und Motivation aufrechterhalten. Beispielsweise gibt es Tage, an denen uns alles schwierig und mühsam erscheint, aber wie wir bereits wissen, ist die Konstanz einer der wichtigsten Faktoren auf dem Weg zum Erfolg. Auch nur einen Tag lang nicht weiterzumachen, ist keine Option.

Aus diesem Grund beweisen wir Disziplin. Wir beißen die Zähne zusammen und bringen die unangenehmen Etappen unserer Reise hinter uns, auch wenn wir eigentlich nicht die Kraft dazu haben. Was aber, wenn ich Ihnen sage, dass es eine Möglichkeit gibt, die schweren Etappen niemals als Belastung zu empfinden? Wenn es ganz selbstverständlich werden kann, die Hürden als spannende Herausforderungen zu betrachten und sich nicht mit ihnen zu quälen?

Der Schlüssel zu dieser erleichternden Haltung ist die Leidenschaft. Die Leidenschaft ist der Treibstoff in Ihrem Ofen, der Sie vorantreibt und Ihnen die Kraft gibt, auch in den schwierigsten Situationen weiterzugehen.

Im vorherigen Abschnitt haben wir darüber gesprochen, unseren Zielen ein Preisschild anzuhängen, um ihren Wert abwägen zu können. Eine wichtige Rolle beim Zahlen dieses Preises spielt unser Maß an Leidenschaft für die Sache. Ein simples Beispiel: Ein passionierter Musiker gibt gerne viel Geld für ein hochwertiges Instrument aus. Er verbringt viele

Stunden daran, besser zu werden und schönere, harmonischere Stücke zu spielen, weil es ihn erfüllt. Seine Leidenschaft gibt ihm die Ausdauer, auch langatmige und schwierige Passagen zu überbrücken, um das Ziel zu erreichen, dieses Instrument irgendwann einwandfrei zu beherrschen. Wer sich jedoch nicht für die Musik begeistern kann, kann nicht nachvollziehen, wie man so viel Geld, Zeit und Arbeit in etwas investieren kann, das schlicht und einfach Töne macht. Schließlich kann man ja auch mit den Lippen pfeifen oder mit den Händen klatschen.

Dass wir Menschen so verschieden sind, ist wunderbar. Wir alle begeistern uns für etwas anderes. Wir alle haben eine andere Vorstellung davon, was eine zeitintensive Arbeit oder eine notwendige Herausforderung ist.

Wenn Ihre Ziele in Zusammenhang zu Ihrer Leidenschaft stehen, wird Ihr Weg viel einfacher verlaufen als wenn Sie versuchen, eine Pflicht zu erfüllen. Wenn Ihr Ziel das ist, was für den Musiker die Musik ist, dann werden Hürden plötzlich Herausforderungen sein. Rückschläge werden nicht besorgniserregend sein. Arbeit wird keine Arbeit sein und Erfolge werden umso schöner sein, weil Sie dafür brennen, sie zu erleben.

Setzen Sie sich Ihre Ziele nicht aus den falschen Motiven. Streben Sie nicht nach viel Geld, wenn Sie eigentlich nicht viel damit anfangen können. Starten Sie keine Diät, nur weil Sie anderen gefallen wollen. Entscheiden Sie sich nicht für einen bestimmten Berufsweg, nur weil die Freunde oder

Familie eine entsprechende Erwartungshaltung Ihnen gegenüber haben.

Sie haben nur dieses eine Leben und es gehört Ihnen. Sie haben das Privileg, sich nach Ihren Wünschen und Vorstellungen entfalten zu können. Nutzen Sie es, denn Sie haben nur diese eine Chance. Es gibt keinen Aufschub und keinen Neuversuch. Ihre Zeit ist jetzt!

Setzen Sie sich also Ihre Ziele Ihrer Leidenschaft entsprechend und Sie werden immer (!) Erfolg haben. Wahre und aufrichtige Passion ist eine Erfolgsgarantie, die Sie tragen und an Ihr Ziel bringen wird.

Wenn Sie Ihrer Leidenschaft folgen, ist Ihr Weg kein notwendiger Pfad, den Sie beschreiten müssen, um Erfolg zu haben, sondern eine Reise. Eine Reise, die Sie genießen und wertschätzen werden.

12) „Unmöglich“ ist nicht möglich.

Es gibt ein elementares Prinzip, das für uns alle gilt und das wir alle kennen sollten: Wenn Sie sich etwas vorstellen können, dann ist es möglich.

Das heißt: Nichts ist unmöglich. Wenn etwas Gestalt in Ihren Gedanken annehmen kann, dann kann es das auch im realen Leben.

Den Beweis dafür erhalten wir Tag für Tag von allen Seiten. Wenn wir Menschen daran glauben würden, dass uns Grenzen gesetzt sind, gäbe es nicht den faszinierenden Fortschritt, den wir Tag für Tag beobachten und erleben dürfen. Wer hätte vor 50 Jahren gedacht, dass wir eines Tages ganze Gelenke für den menschlichen Körper mit einem 3D-Drucker herstellen würden? Wer hätte sich beim Anblick des ersten Mobiltelefons ausmalen können, dass wir eines Tages mit Smartphones in der Hand herumlaufen würden, die uns mit der ganzen Welt verbinden und so viel können, dass wir manchmal vergessen, dass sie zum Telefonieren gedacht sind? Wer hätte in Zeiten des Krieges und der Unterdrückungen gedacht, dass es Menschen geben würde, die allein mit ihrer starken Persönlichkeit unsere Weltanschauung zum Besseren verändern würden? Und was noch viel spannender ist: In weiteren 50 Jahren werden eine ganze Menge mehr Sachen passiert sein, von denen wir jetzt noch gar keine oder nur eine vage Vorstellung haben.

Jeden Tag werden Grenzen durchstoßen. Jeden Tag entwickeln wir uns weiter und jeden Tag untermauern wir einmal mehr, dass sich jeder unserer Gedanken im wirklichen Leben manifestieren kann. Jeden Tag haben Menschen Erfolg und erreichen ihre selbst definierten Ziele. Dort angekommen versprechen sie sich und der Welt, noch weiter zu gehen und sie nehmen die Kraft dazu aus ihrer Leidenschaft und aus den erlebten Erfolgen.

Warum sollten Sie nicht auch so jemand sein? Sehen Sie sich an: Sie sind ein einzigartiger und wunderbarer Mensch. Aus welchem Grund sollte es nicht möglich sein, dass auch Sie den Erfolg erlangen, den Sie sich immer gewünscht haben? Was sollte Sie davon abhalten? Grenzen gibt es nur im Kopf, aber nicht in Ihrem Leben. Befreien Sie sich von den Fesseln, die Sie davon abhalten, Ihr Leben so zu leben, wie Sie es gerne leben würden. Alles, was Sie abhalten kann, sind Sie selbst. Es sind Ausreden, die Sie knebeln und Ihnen den Weg versperren. Es gibt ein Leben außerhalb der Komfortzone. Und dort draußen werden Sie merken, dass das ganze Leben und die ganze Welt Ihre Komfortzone ist.

Sie können Ihre Ziele niemals zu hoch ansetzen. Sie können höchstens die falsche Herangehensweise haben. Wenn der Preis, mit dem Sie Ihre Ziele beziffert haben, Ihnen zu hoch erscheint, dann wissen Sie nur noch nicht über Ihren Wohlstand Bescheid. In Wirklichkeit können Sie jeden Preis zahlen. Sie müssen nur wissen, wie. Ich hoffe, dass dieses Buch Ihnen eine Hilfe dabei ist, es herauszufinden.

13) Nichts währt ewig. Sie können das zu Ihrem Vorteil nutzen.

Nichts währt ewig. Klar. Damit erzähle ich Ihnen nichts Neues, oder? Das Erstaunliche daran ist, dass die meisten Menschen sich im Klaren darüber sind, aber nur das Negative daraus ziehen, anstatt die Vorteile zu erkennen.

Wir sinnieren darüber, dass unsere Zeit im Leben begrenzt ist und wenn etwas mal erstaunlich gut läuft, trauen wir der Sache nicht und warten geradezu masochistisch und schadenfroh darauf, dass das Gute uns wieder verlässt. Wenn wir zum Beispiel eine zufriedenstellende Liebesbeziehung führen, denken wir stets daran, dass sie jederzeit vorbei sein könnte, da schließlich nichts ewig währt.

Aber denken Sie auch daran, welche Möglichkeiten es für Sie eröffnet, dass nichts ewig währt und dass jede Situation sich jederzeit ändern kann?

Wir haben in diesem Buch bereits festgehalten, dass Ihr Weg zum persönlichen Erfolg einer abenteuerlichen Reise gleicht. Aber vielleicht fürchten Sie sich vor der abenteuerlichen Reise. Vielleicht sind Sie kaum selbstbewusst, haben kein Selbstvertrauen oder leiden unter Angstzuständen. Vielleicht waren Sie in der Vergangenheit erfolglos und glauben daher, dass Sie für immer dazu verdonnert sind, keinen Erfolg zu haben. Lassen Sie mich Ihnen eines sagen: Nichts währt ewig. Auch die schlechten Zustände nicht.

Im vorigen Abschnitt haben wir davon gesprochen, dass uns Menschen keine Grenzen gesetzt sind und dass wir alles erreichen können. Halten Sie sich daran. Denn genauso wie das Gute jederzeit enden kann, kann es auch das Schlechte. Wenn Sie sich im Kopf vorstellen können, dass Ihre schlechten Zeiten vorüber sind, dann werden sie das auch bald tatsächlich sein.

Aus Menschen mit einem körperlichen oder geistigen Handicap sind olympische Athleten geworden. Aus Menschen mit wenig Selbstbewusstsein wurden Vorsitzende von riesigen Unternehmen. Aus ängstlichen oder depressiven Menschen, die in klinischer Behandlung waren, wurden weltoffene Persönlichkeiten, die das Leben in vollen Zügen genießen. Stellen Sie sich die Frage: „Warum sollten die negativen Phasen in meinem Leben ewig andauern, während die guten Phasen viel zu schnell enden?“ Das wäre ungerecht, obwohl das Leben weder gerecht noch ungerecht ist. Das Leben ist unpersönlich. Also funktioniert dieses Prinzip gleichermaßen in beide Richtungen. Sie haben allerdings die Möglichkeit, das Gute festzuhalten und das Schlechte loszulassen!

Ein Sprichwort besagt, wir Menschen seien Gewohnheitstiere. Das ist richtig. Wir können uns alles sowohl an- als auch abgewöhnen. Es ist nur eine Frage der Übung und Geisteshaltung. Es ist zum Beispiel möglich, sich das Rauchen anzugewöhnen und genauso ist es möglich, es sich langfristig wieder abzugewöhnen.

Ich gehe einfach mal davon aus, dass Sie einen PKW-Führerschein besitzen. In Ihrer Fahrschulzeit war alles vollkommen neu und ungewohnt für Sie. Über jedes Anfahren, über jedes Abbiegen, über jeden Schaltvorgang und über jedes Verkehrsschild mussten Sie intensiv nachdenken, um alles koordinieren zu können. Nach einer Weile machen Sie das alles beinahe im Schlaf und vollkommen routiniert.

Im Prinzip funktionieren unsere Gewohnheiten auf diese einfache Weise. Sie können es sich genauso angewöhnen, positiv zu denken und sich immer wieder vor Augen zu rufen, dass keine schlechte Situation ewig währt. Die Vergangenheit begleitet Sie immer nur so lange, wie Sie sie mitschleppen. Denn tatsächlich liegt sie hinter Ihnen. Sie können nicht zurück.

Was bedeutet das Ganze nun für Sie auf Ihrem Weg zum persönlichen Erfolg? Ganz einfach: Alles, was Sie bisher davon abgehalten hat, erfolgreich zu sein, muss nicht mehr gegenwärtig sein. Sie haben die Möglichkeit, das Negative zu Ihrer Vergangenheit zu machen. Was Sie zu Ihrer Vergangenheit machen, bleibt für immer hinter Ihnen. Gewöhnen Sie sich ab, was Sie aufhält und gewöhnen Sie sich an, was Sie weiterbringt. Es ist Ihr Leben und Ihre Erfolgsgeschichte. In Ihrem Gepäck sollte nur das sein, was Sie wirklich brauchen und was Sie wirklich weiterbringt.

Zu wissen und vor allem zu verstehen, dass keine Situation ewig währt, kann ein großer Trost und eine große Motivation in schweren Zeiten sein. Ich glaube daran, dass die Zeit alle

Wunden heilt und ich glaube auch daran, dass wir mehr Gutes in unser Leben ziehen können, wenn wir das Gute festhalten und das Negative hinter uns lassen.

Wann immer Sie eine schwierige Zeit durchmachen, die Sie daran hindert, Ihren Erfolg zu leben: Denken Sie daran, dass diese Situation weder ewig währen muss, noch wird.

14) Erfolg ist kein temporäres Projekt, sondern eine Lebenseinstellung.

Im Verlaufe dieses Buches wird Ihnen aufgefallen sein, dass ich oft das Abnehmen von Körpergewicht als ein Erfolgsbeispiel nenne. Ich wähle dieses Beispiel deshalb, weil es vielen Menschen wichtig ist und oft als erstes Ziel angestrebt wird. Als Buchautor und Blogbetreiber erhalte ich zahlreiche Leserzuschriften. Was sich aus den meisten von ihnen herauskristallisiert, ist, dass die Leute in erster Linie danach streben, ihr Äußeres einem Idealmaß anzupassen, bevor sie sich um ihre Persönlichkeit kümmern. Sie wollen durch eine gesündere und attraktivere Erscheinung mehr Selbstbewusstsein, Selbstliebe und Selbstvertrauen erlangen, um daraus die Stärke zu nehmen, weitere Ziele zu erreichen.

Dieser Wunsch ist vollkommen verständlich und wem dieser Schritt bei seiner persönlichen Entwicklung weiterhilft, der wird viel mit diesem Erfolg anzufangen wissen. Oft werden mir Fragen gestellt wie: „Haben Sie vielleicht einen Rat, wie ich schnell abnehmen kann, damit ich selbstbewusster werde und voll durchstarten kann?“ Ich muss zugeben, dass ich anfangs mit solchen Fragen überfordert war. Schließlich bin ich weder Arzt, noch Ernährungswissenschaftler. Bei der Beantwortung einer E-Mail jedoch fiel mir plötzlich schlagartig das oben genannte Erfolgsprinzip vor Augen. Vor allem wurde mir klar, dass es im Fall des Abnehmens genauso gültig und anwendbar ist, wie in allen anderen Fällen des Erfolgreich-Werdens auch. Erfolg ist kein kurzzeitiges Projekt, das Sie mal eben schnell durchziehen, um sich besser zu fühlen, sondern eine Lebenseinstellung. Lassen Sie mich Ihnen im Detail erklären, wie das zu verstehen ist.

Bedienen wir uns doch einfach wieder am Beispiel des Abnehmens. Haben Sie schon einmal von dem „Jojo-Effekt" gehört? Menschen machen eine Diät, erreichen ihr Wunschgewicht und nehmen anschließend wieder zu. Mit dem Körpergewicht nimmt auch die Frustration zu. Wissenschaftler haben die fachlichsten und kompetentesten biologischen Erklärungen dazu, obwohl die wirkliche Lösung dieses Mysteriums unglaublich simpel ist: Wer eine Zeit lang eine strenge Diät einhält und Sport macht, wird natürlich schnell Erfolge sehen. Hören die Diät und das Sportprogramm nach dem Erreichen des Wunschgewichts wieder auf, verschwinden selbstverständlich auch wieder die positiven Effekte. Das ist doch klar, oder?

Genauso klar sollte Ihnen sein, dass Sie diesen „Jojo-Effekt" mit jedem Erfolgserlebnis haben können, wenn Sie sich nicht bewusst für den Erfolg entscheiden. Das heißt auf unser Beispiel bezogen: Es bringt Ihnen nichts, eine Zeit lang eine Diät wie eine Pflichtaufgabe durchzuziehen und anschließend wieder zu alten Gewohnheiten zurückzukehren. Sie werden nur dann dauerhaft Erfolg haben und gesund bleiben, wenn Sie sich für einen Lebenswandel zum Besseren entscheiden. Gesunde Ernährung und viel Bewegung müssen fester Bestandteil Ihres Alltags sein, um den „Jojo-Effekt" nicht erleben zu müssen.

Und genau dasselbe gilt für jedes Ziel, das Sie erreichen möchten. Es reicht nicht, für eine kurze Zeit mehr zu arbeiten, um mehr Geld zu haben. Sie werden kurzzeitig ein wenig mehr Geld besitzen, das schnell wieder verschwinden wird. Es bringt Ihnen nichts, eine Firma zu gründen und dann die anfängliche Motivation fallen zu lassen. Sie werden keine Freude daran haben, sich mit Büchern über Persönlichkeitsentwicklung zu beschäftigen, Meditationen zu erlernen und Yoga zu machen, wenn Sie nach dem ersten Zeichen der Besserung wieder aufhören. Vergessen Sie nicht, dass alles vergänglich ist. Es ist Ihre Aufgabe, das Gute und den Erfolg festzuhalten.

Um gewährleisten zu können, dass der Erfolg nicht wieder plötzlich aus Ihrem Leben verschwindet, können Sie die lebensverändernde Entscheidung treffen, erfolgreich zu sein. Dazu ist es nötig, Ihr Leben und Ihren Alltag dem Erfolg anzupassen. Wie gesagt: Im Falle des Abnehmens wäre das eine dauerhaft gesündere Ernährung und keine strenge Diät. Mehr Bewegung statt harter Workouts. Im Falle der persönlichen Entwicklung wäre das ein langsames, aber stetiges Zufügen neuer Informationen und ein konzentriertes Verändern von Denkmustern und Glaubenssätzen, anstatt einen Meditations- und Yogamarathon durchzuführen. Im Falle des Geldwunsches würde es bedeuten, nicht an Überstunden und Nebenjobs zu denken, sondern an einen Wechsel des Berufs oder vielleicht sogar an die Selbstständigkeit.

Wenn Sie Ihr Leben auf Ihre Ziele ausrichten, werden Sie sich viel leichter auf sie zu bewegen können. Sie werden nicht ständig daran denken müssen, dass Sie noch eine Aufgabe zu erledigen haben, die Sie auf Ihrem Weg weiterbringt. Sie werden diese „Aufgaben“ einfach leben. Sie machen es zu Ihrem Alltag, weiterzugehen und Ihre Ziele zu erreichen.

Ein weiterer wichtiger Punkt ist, dass der Erfolg nicht endet, sobald Sie ein Ziel erreicht haben. Wer eines seiner Ziele erreicht, ist kein natürlicher Erfolgsmensch. Ein Erfolgsmensch sind Sie erst dann, wenn Sie sich bewusst dazu entscheiden und Ihr Leben darauf ausrichten. Wie dieser Erfolg aussieht und wie Sie Ihr Leben entsprechend anpassen, liegt ganz bei Ihnen.

Lassen Sie diesen Grundsatz ein wenig wirken und machen Sie sich Gedanken darüber, wie Sie Ihren Alltag Ihren Zielen anpassen können. Mit dem nächsten Erfolgsprinzip werden wir uns Gedanken über Ihre Motive machen.

15) Richtiges Motiv, richtiger Erfolg.

Zu Beginn des Buches habe ich Sie dazu aufgefordert, Ihre Ziele zu definieren. Ich hoffe, dass Sie es getan haben, denn Sie werden sie nun brauchen. Sehen Sie sich Ihre Ziele an. Sie sind das, was Ihnen das Gefühl geben wird, ein erfolgreicher Mensch zu sein. Aber warum eigentlich? Warum streben Sie gerade nach diesen Zielen oder diesem einen Ziel? Was hat dazu geführt, dass Sie genau das schaffen wollen?

Der Weg zu Ihren Zielen kann kurz und unterhaltsam sein. Sollten Ihre Ziele aber groß und ehrgeizig sein, kann der Weg lang und kräfteraubend sein. Da wir vorhin festgestellt haben, dass dies Sie viele Ressourcen und Zeit kosten kann, bietet es sich an, vorher noch einmal über Ihr Motiv nachzudenken.

Ich möchte Ihnen etwas von meinen persönlichen Erfahrungen erzählen: Als ich mich in meinen frühen 20ern dazu entschied, den Schritt in die Selbstständigkeit zu wagen, erhielt ich von allen Seiten Gegenwind. Meine gleichaltrigen Freunde und Bekannten machten alle eine Lehre oder studierten und hielten dies für den sicheren und einzig richtigen Weg. Dass sich jemand in diesem Alter selbstständig machte, schien ihnen ein Ding der Unmöglichkeit zu sein. Man stellte mir Prognosen über meine sichere Armut, wenn nicht sogar Obdachlosigkeit. Damals wusste ich dieses Verhalten noch nicht richtig zu deuten und hatte entsprechend keine Nachsicht mit den anderen. Dass man nicht an mich glaubte, kränkte mich.

Aber es motivierte mich auch. Meine eigentlichen Motive mich selbstständig zu machen, waren Freiheit und Unabhängigkeit. Ich wollte mir von niemandem Vorschriften machen lassen und etwas Nachhaltiges und für mich Bedeutendes schaffen. Geld war mir dabei nicht wichtig. Ich habe noch nie viel Geld gebraucht, um glücklich zu sein. Damals aber ließ ich meine wahren Motive fallen, da ich eine gewisse Gehässigkeit fühlte. Ich fühlte mich in meinem Stolz gekränkt, weil niemand an mich glaubte. Alle dachten nur an das Geld und daran, einen gewissen Status im Leben zu haben. Sie sprachen davon, sich „hochzuarbeiten" und ein „ordentliches Gehalt" zu haben. Ich würde so etwas niemals haben, sagte man mir. Zu dieser Zeit wuchs ein neues Motiv in mir heran. Ein, wie sich zeigen sollte, falsches Motiv. Ich wollte unternehmerischen Erfolg erzielen und viel Geld einnehmen, um es allen zu zeigen. Die anderen sollten sich schämen und mich beneiden, während ich das Leben lebte, von dem sie insgeheim träumten. Also zentrierte ich mein Leben auf dieses Ziel und lebte für meinen Erfolg. Ich wusste im Prinzip nichts von all dem, worüber ich heute schreibe. Deshalb hatte ich es besonders schwer. Hürden wirkten nicht wie spannende Herausforderungen auf mich, sondern wie zähe Gegner. Ich verstand nicht, dass Rückschläge und Misserfolge notwendig sind, sondern ließ mich von ihnen herunterziehen. Was ich jedoch hatte, war die Beharrlichkeit und so ging ich meinen Weg.

Trotz vieler Schlappen und Rückschläge bei meinen ersten Geh- und Stehversuchen in der Selbstständigkeit, stellten sich langsam mehr und mehr Erfolge ein und ich entwickelte mich in die richtige Richtung. Meine Finanzen wurden Schritt für Schritt besser und schließlich nahm ich überdurchschnittlich viel Geld ein und hatte einen wirtschaftlich sehr stabilen Stand. Mit diesen Besserungen sollte sich eigentlich auch Zufriedenheit und Genugtuung einstellen, aber es passierte nicht. Ich war nicht zufrieden. Ich wollte es den anderen zeigen, aber wer waren die anderen eigentlich? Ich hatte sie schon lange nicht mehr gesehen und auch nichts von ihnen gehört. Sie gingen mittlerweile eigene Wege und ich vermisste sie nicht. Vermutlich hatten sie schon ganz vergessen, dass sie jemals ein paar kindische und unbedachte Kommentare über meine Ambitionen gemacht hatten. Vielleicht hatten Sie mich auch schon komplett vergessen. Da stand ich also nun und wusste nicht recht, was ich mit meinem Erfolg anfangen sollte. Das Geld konnte mich kaum trösten, da ich nicht viel Geld zum Leben brauchte. Ich hätte auch mit wesentlich weniger gut leben können. Wenn Sie etwas zu Ihrem Lebensmittelpunkt machen und plötzlich das Gefühl haben, alles sei umsonst gewesen, kann das sehr niederschmetternd sein. Deshalb ist es so wichtig, seine Motive zu überprüfen.

Ich hatte das Glück, großes Glück im Unglück zu haben. Es dauerte ein wenig, aber schließlich wurde mir klar, dass ich neben den „falschen“ Zielen auch meine „wahren“ Ziele erreicht hatte. Ich war selbstständig, frei und unabhängig und das gab mir schließlich mein Selbstbewusstsein zurück und spendete mir Zufriedenheit. Neben der großen Erleichterung, im Prinzip doch das Richtige getan zu haben, empfand ich auch die wunderbare Erfüllung, die der wahre

Erfolg mit sich bringt. Diese Erfahrung bildet die Grundlage für mein ständiges Streben nach persönlichen Erfolgen.

Dies war nun eine lange Anekdote über mich und meine Erfahrungen mit falschen Motiven. Ich hoffe, dass Sie den Kern der Geschichte verstehen und nicht denselben Fehler machen müssen. Der Punkt ist dieser: Sie leben Ihr eigenes Leben. Jede Bekanntschaft kann jeden Tag zu Ende sein. Am Ende Ihres Lebens zählt nur, was Sie für sich getan haben. Sie werden andere Menschen vergessen und die anderen werden auch Sie vergessen. Haben Sie deshalb nicht Erfolg für andere. Streben Sie nach Ihren eigenen Zielen und verwirklichen Sie Ihre Träume.

Wir haben uns bereits darüber Gedanken gemacht, wie Sie für Ihre Vorstellungen von Erfolg einen Preis ermitteln können. Es gilt: Für Ihre wirklichen Ziele, die Sie von Herzen verfolgen, kann kein Preis zu hoch sein. Für Ziele, die Sie verfolgen, um anderen etwas zu beweisen, ist selbst ein geringer Preis zu hoch!

Ich kann Ihnen guten Gewissens sagen, dass Sie es nicht erleben möchten, am Ziel zu merken, dass Sie den falschen Weg gegangen sind. Zeit ist ein nicht wiederherstellbares Gut und die Enttäuschung bringt Negativität in Ihr Leben. Schauen Sie sich also noch einmal Ihre eingangs definierten Ziele an und überprüfen Sie Ihre Motive. Wenn Sie das, was Sie als Erfolg definieren, von Herzen richtig finden und beim bloßen Gedanken daran bereits Vorfreude empfinden, sind Sie auf dem absolut richtigen Weg. Wenn Sie jedoch merken, dass Sie in Wirklichkeit nur anderen etwas beweisen oder sie beeindrucken wollen, sollten Sie vielleicht noch einmal darüber nachdenken, ob es die Mühen letztendlich wirklich wert ist.

16) Der Erfolg anderer ist niemals ein Maßstab.

Es ist egal, wie sehr Sie sich um Ihren Erfolg bemühen: Sie werden oft das Gefühl haben, dass jemand schneller und effektiver vorankommt als Sie. Sie kennen das vielleicht aus dem Alltag: Ihr hochnäsiger Nachbar hat sich gerade das Auto gekauft, das Sie eigentlich gern fahren würden, aber sich (noch) nicht leisten können. Der Arbeitskollege, den Sie überhaupt nicht ausstehen können, erhält die Beförderung, auf die Sie eigentlich ewig lange hingearbeitet haben. Während Sie einem strengen Ernährungsplan folgen und viel Sport machen, um Ihren Körper in Form zu bringen, kommen andere schneller voran, obwohl sie auch Süßigkeiten essen. Dies sind nur wenige von vielen Situationen, in denen Sie ins Zweifeln geraten können. Verzweifeln Sie bitte nicht. Sie haben keinen Grund dazu.

Wir Menschen zeichnen uns vor allem dadurch aus, dass keiner wie der andere ist. Jeder Mensch ist ein Individuum und das ist wunderbar. Wir alle haben einen unterschiedlichen Sinn für Humor, unterschiedliche Geschmäcker, ein unterschiedliches Schmerzempfinden und noch vieles, vieles mehr. Genauso haben wir alle eine unterschiedliche Herangehensweise für das Erreichen unserer Ziele und legen dabei ein vollkommen unterschiedliches Tempo an den Tag.

Der dänische Philosoph Sören Kierkegaard sagte:

„Das Vergleichen ist das Ende des Glücks und der Anfang der Unzufriedenheit."

Da wir, wie bereits früher in diesem Buch besprochen, von unserer Kindheit an lernen, nicht auf die eigenen Erfolge zu achten, erscheinen die Erfolge anderer Menschen vor unseren Augen immer größer als die eigenen. Lassen Sie sich davon niemals beeindrucken. Solange Sie Ihren Weg kontinuierlich gehen und das Gefühl haben, das Richtige zu tun, ist es vollkommen egal, wie erfolgreich andere Menschen um Sie herum sind.

Selbst wenn jemand seine Ziele Wort für Wort genauso formuliert wie Sie, sieht der Weg dorthin trotzdem unterschiedlich aus. Sie haben andere Motive, eine andere Wertvorstellung davon und gehen den Weg auf eine andere Weise an. Und das ist gut so! Lassen Sie den Erfolg anderer niemals einen Maßstab für das sein, was Sie schaffen wollen.

Es ist vollkommen legitim, Vorbilder zu haben. In Abschnitt 7 habe ich Menschen mit vorbildlichen Erfolgsgeschichten vorgestellt, die eine Motivation und Inspiration darstellen. Verlieren Sie jedoch nicht aus den Augen, dass eine Inspiration niemals eine Aufforderung zur Kopie ist. Jeder geht seinen Weg auf seine eigene Weise und erreicht seine ganz individuellen Ziele.

Sie wären erstaunt, wenn Sie wüssten, wie viele Menschen heimlich zu Ihnen aufschauen und Sie dafür beneiden, wie Sie im Leben vorwärts kommen. Denn lassen Sie mich Ihnen noch etwas sagen: Dass Sie sich mit dem Erreichen Ihres persönlichen Erfolges beschäftigen, ist ein großer Schritt, um den Sie alle Menschen beneiden, die in ihrem sicheren Hafen sitzen und sich mit ständig mit Ausreden vertrösten.

17) Interesse ist gut, Expertise ist besser.

„Wissen ist Macht". Dieses Sprichwort kennen Sie mit Sicherheit. Und es ist wahr: Wissen und vor allem Bildung ist unerlässlich für den persönlichen Erfolg. Deshalb werden Bücher wie dieses hier Ihre Schritte zum Erfolg erheblich beschleunigen.

Aber was genau müssen Sie eigentlich wissen, um erfolgreich zu werden? Lassen wir einfach mal das außen vor, worüber wir bisher gesprochen haben. Dass Sie zum Beispiel wissen müssen, was Erfolg für Sie bedeutet, ist mittlerweile klar. Aber all das Wissen über den Erfolg und seine Prinzipien wird Ihnen nicht sehr helfen können, wenn Sie nicht ein Experte sind, was Ihre Ziele betrifft.

Greifen wir doch noch einmal ein paar unserer Lieblingsbeispiele auf: Um Gewicht abnehmen zu können, müssen Sie die Funktionsweise des menschlichen Körpers kennen. Darüber hinaus sollten Sie gut über Nahrung und Ernährung im Bilde sein. Ein umfangreiches Wissen über Bewegung und Gesundheit, bzw. Sport ist auch besonders hilfreich. Sich für diese Dinge zu interessieren, ist gut und über sie informiert zu sein, ist bestimmt eine große Hilfe. Aber glauben Sie nicht auch, dass das Erreichen Ihres Ziels wesentlich leichter, schneller und unbeschwerter von der Hand ginge, wenn Sie umfangreiches Expertenwissen zu diesen Themengebieten hätten, die sich alle um Ihr Ziel drehen? Wüssten Sie nicht exakt, was Sie wann essen sollten und wann Ihnen welches Maß an Bewegung gut tut? Wäre das nicht wesentlich angenehmer als ständig zu experimentieren und somit langsamer vorwärts zu kommen?

Wenn Sie sich selbstständig machen möchten, ist es in Ordnung, zu Beginn „nur“ gut informiert zu sein, aber Sie müssen sich schnell zum Experten entwickeln. Sie müssen Ihre Branche genauestens kennen, Ihre potenzielle Zielgruppe vor dem Anbieten von Produkten oder Dienstleistungen herausgearbeitet haben und notfalls alle Aufgaben erledigen können, die Sie sonst an Ihren Steuerberater oder jemand anderen outsourcen würden. Glauben Sie mir: Dies sind nur wenige Dinge, die Sie wissen und beherrschen müssen, wenn Sie es mit Ihrem Erfolg ernst meinen. Je mehr Sie erreichen wollen, desto mehr müssen Sie wissen.

Sie werden die Notwendigkeit von Expertenwissen auf jedes Ihrer Ziele übertragen können. Zumindest sollten Sie das. Falls Sie sich gerade fragen, wie Sie an dieses Expertenwissen kommen sollen, habe ich gute Nachrichten für Sie: Wir leben im Informationszeitalter!

Ich habe erst kürzlich einen Blogartikel darüber verfasst, wie privilegiert wir dadurch sind, jederzeit und überall an qualitative Informationen zu kommen. Das Internet hat unsere Bildungsmöglichkeiten revolutioniert und es kostet uns auch keine Mühe, schnell hochwertige Fachliteratur in die Hände zu bekommen. Sie erhalten bei einer zweiminütigen Internetrecherche mit Ihrem Smartphone vermutlich mindestens genauso viele Informationen wie jemand, der vor 50 Jahren eine mehrstündige Recherche in einer Bibliothek betrieben hat. Wer diesen faszinierenden Umstand nicht zu seinem Vorteil nutzt, ist wirklich selbst schuld, wenn der Erfolg auf sich warten lässt.

Bildung ist ein Schlüssel zu Ihrem Erfolg. Nutzen Sie jede Informationsquelle, die Sie bekommen können. Wenn Sie aus einem Buch auch nur einen hilfreichen und wertvollen Gedanken extrahieren können, ist dieses Buch wesentlich mehr wert als das Geld, das Sie dafür gezahlt haben!

Lesen Sie viel und Sie werden viel dabei lernen. Suchen Sie nach zu Ihren Zielen passenden Blogs im Internet und überprüfen Sie sie auf ihre Qualität. Wenn Sie einen seriösen Blog gefunden haben, lesen Sie ihn. Die Erfahrungswerte anderer Menschen können für Sie unsagbar kostbar sein.

Wenn Ihre Motivation aufrichtig ist, wird Ihnen das „Lernen“ niemals langweilig oder dröge vorkommen. Sie werden neue Informationen stets wissbegierig und fasziniert aufsaugen und sich darüber freuen, einen Schritt weiter gekommen zu sein.

18) Wer Erfolg zur Routine macht, wird routiniert erfolgreich sein.

Wie ich es bereits angesprochen habe, haben Gewohnheiten einen maßgeblichen Einfluss auf unser Verhalten und somit auch auf unser Leben. Viele Menschen behaupten, nichts für ihre schlechten Angewohnheiten zu können. Das sehe ich anders. Wer sich bewusst mit seinem alltäglichen Verhalten auseinandersetzt, erkennt sowohl die negativen als auch die positiven Gewohnheiten der eigenen Persönlichkeit.

Wenn wir über einen längeren Zeitraum schlechte Angewohnheiten pflegen, gehen sie uns in Fleisch und Blut über und nehmen somit Einfluss auf unser Leben. Ein paar Beispiele aus dem Alltag sind: Schlecht über andere reden, rauchen, zu viele Süßigkeiten essen, Pflichten aufschieben, nicht aufräumen, zu spät zu Bett gehen, usw. Es sind vermeintliche Kleinigkeiten, die mit und mit zur Gewohnheit werden und einen negativen Einfluss auf Ihr Leben nehmen. Das Tückische dabei ist, dass es einfach ist, diesen schlechten Angewohnheiten Einzug in Ihr Leben zu lassen, da Sie sich dafür nur gehen lassen, bzw. von anderen mitziehen lassen müssen.

Wir können auch den Erfolg zur Gewohnheit machen, indem wir positive und förderliche Angewohnheiten in unserem Alltag zur Routine werden lassen. Offensichtlich ist das schwieriger als bei den schlechten Angewohnheiten, da Sie in den meisten Fällen mit Ihren guten Vorsätzen alleine dastehen. Wenn Sie mit Leidenschaft Ihre Ziele verfolgen, wird Ihnen das aber nicht sonderlich schwer fallen. Wenn das Feuer in Ihnen noch nicht lodert, werden Sie etwas Disziplin brauchen.

Die positiven Angewohnheiten, von denen ich spreche, sind Schritte, die Sie auf Ihrem Weg weiter bringen. Das können viele verschiedene Dinge sein, wie z.B. eine Stunde Weiterbildung, die Sie sich regelmäßig einrichten oder eine aktive Bewegungseinheit oder vielleicht auch eine Stunde Arbeit an einem Projekt, das Sie verwirklichen möchten.

Analysieren Sie Ihren Alltag und finden Sie eine Zeitspanne, in der Sie sich Ihren Zielen widmen können. In den meisten Fällen können Sie schließlich nicht Ihr ganzes Familien- und Berufsleben über den Haufen werfen, um sich nur noch Ihrem Erfolg zu widmen. Widmen Sie ihm allerdings so viel Zeit, wie Sie können. Je mehr Zeit Sie sich nehmen, desto eher werden Sie erfolgreich sein.

An manchen Tagen kann es sehr schwer und entnervend sein, sich um diese „Aufgaben“ zu kümmern. Ich erwähne noch einmal, dass die Leidenschaft Sie die Arbeit nicht als Arbeit empfinden lassen wird. Sie werden sich darauf freuen, aus Ihrem Alltag zu entfliehen und etwas Produktives für sich zu machen. Auch wenn Sie sich mal nicht auf Ihre „positiven Pflichten“ freuen können: Kümmern Sie sich um sie! Geraten Sie nicht einen Tag lang aus dem Takt. Haben Sie erst einmal eine Gewohnheit daraus gemacht, läuft es wie von selbst.

Unterschätzen Sie nicht die Macht Ihres Unterbewusstseins und Ihrer Gewohnheiten. Wenn Sie lernen, sie zu Ihrem Vorteil zu nutzen, entwickeln Sie sich ganz automatisch zu einem wahren Erfolgsmenschen. Und auch mal ganz unabhängig vom Erfolg: Seine schlechten Gewohnheiten zu analysieren und auszumerzen, führt zu einem erheblich höheren Maß an Selbstbewusstsein, Zufriedenheit und Lebensqualität.

19) Störfaktoren müssen (!) eliminiert werden.

Keine Sorge, dieses Erfolgsprinzip klingt radikaler als es eigentlich ist. Dennoch ist es treffend formuliert und sollte mit Vehemenz beherzigt werden. Es gibt viele Störungen und Ablenkungen, die Sie auf Ihrem Weg zum Erfolg behindern können. Wenn Sie sich an ihnen aufhalten, werden Sie nicht nur langsamer vorwärts kommen, sondern auch unnötig belastet sein.

Als Fallbeispiel für dieses Erfolgsprinzip wähle ich mich, wie ich gerade an meinem Schreibtisch sitze und diese Zeilen schreibe. Ich kann Ihnen sagen, dass es von außen betrachtet ein skurriles Bild ergibt: Ich sitze in einem kaum möblierten, aber gemütlichen Raum an einem sehr großen Schreibtisch. Obwohl der Tisch eine große Fläche hat, befinden sich auf ihm lediglich ein Monitor, eine Tastatur, eine Maus, eine Wasserkaraffe und ein Glas. Mehr nicht. Im Laufe meiner Selbstständigkeit ist mein Arbeitsplatz immer leerer geworden. Seitdem ich Bücher schreibe und einen Blog betreibe, hat er diese puristische Anmutung. Warum das so ist? Weil zu viele Störfaktoren uns ineffizient machen.

Meine Aufgabe ist es, mich zu konzentrieren und Inhalte zu erstellen, die einen Mehrwert bieten. Da ich diese „Arbeit“ liebe, habe ich zumindest schon einmal kein Motivationsproblem und freue mich stets auf Etappen zu meinem Erfolg. Doch auch, wenn man motiviert und leidenschaftlich an eine Sache herangeht, kann man sich schnell ablenken lassen. Wir Menschen sind schließlich neugierig. In meinem Fall kann eine kleine

Internetrecherche schnell dazu führen, dass man noch schnell die Mails checkt, ein paar davon direkt beantwortet und auch noch die Nachrichten des Tages liest. Und schon ist eine kostbare Stunde vergangen, in der man eigentlich arbeiten wollte. Zusätzlich ist das Telefon eine immense Störquelle. Man bekommt eine SMS, wird angerufen oder es fällt einem plötzlich ein, dass man ja noch den Bekannten anrufen wollte, um sich zum Abendessen zu verabreden. Und schon ist wieder Zeit vergangen und vor allem ist der Fokus auf das Wesentliche verloren. Aus diesem Grund gibt es in meinem Arbeitsbereich nur das, was ich notwendig zum Arbeiten brauche.

Welches Ziel auch immer Sie verfolgen: Sie haben zahlreiche Störfaktoren um sich herum, die Sie aufhalten. Sie kennen das: Vor dem Sport noch schnell die Nachrichten im TV schauen und plötzlich läuft Ihre Lieblingssendung und zwei Stunden später sagen Sie sich, dass es jetzt leider eh schon zu spät ist, um noch zum Sport zu gehen. Oder vielleicht wollen Sie sich endlich mal Ihrem Projekt widmen, aber haben Ihre/n Freund/in schon lange nicht mehr gesehen. Ein Treffen kann natürlich nicht warten, also wird Ihr Projekt erst einmal aufgeschoben.

Das besonders Kontraproduktive daran ist: Den Fokus aufzubauen, also den Stein ins Rollen zu bringen, ist immer das Schwierigste. Danach läuft meist alles wie von selbst. Wenn Sie also den Fokus auf Ihre „Aufgabe“ verlieren, indem Sie sich ablenken lassen, stehen Sie erneut vor dem schwierigen Teil und haben natürlich keine Lust darauf.

Deshalb schieben Sie weiter auf, was Sie eigentlich machen wollten. Auf diese Weise kommen Sie aus dem Rhythmus und schieben weiterhin etwas auf, bis Sie schließlich ganz die Lust und Motivation verlieren, weil der Wiedereinstieg zu schwer ist. Schneller als es Ihnen lieb ist, verlieren Sie Ihr Ziel aus den Augen und sind wieder unzufrieden mit dem alltäglichen Trott. Lassen Sie das nicht passieren!

Im vorigen Abschnitt habe ich Ihnen bereits empfohlen, sich möglichst feste Zeiten einzurichten, die ausschließlich Ihnen gehören, damit Sie weitere Schritte auf Ihrem Weg zum Erfolg machen können. Nehmen Sie sich diese Zeit und lassen Sie in ihr nichts anderes geschehen. Wenn Sie sich nur eine einzige Stunde einrichten und in ihr intensiv an Ihrem Erfolg arbeiten, sind Sie produktiver und nachhaltig motivierter als wenn Sie den ganzen Tag lang mal etwas hiervon und etwas davon machen.

Analysieren Sie Ihren Alltag und suchen Sie nach Störfaktoren, die Sie üblicherweise daran hindern, erfolgreich zu sein. Eliminieren Sie diese Störfaktoren, indem Sie sie verbannen. Schalten Sie das Telefon aus, ziehen Sie den Stecker vom Fernseher, schließen Sie die Türe, trennen Sie die Internetverbindung und konzentrieren Sie sich nur auf sich und Ihre Ziele.

Beachten Sie, dass auch Menschen in Ihrem Umfeld Störfaktoren sein können. Das mag gemein klingen, das ist es jedoch nicht. Wenn Sie zum Beispiel Familie und Kinder haben, dann sprechen Sie sich ab und erklären Sie, dass Sie Zeit für sich brauchen. Es muss ja nicht viel Zeit sein, aber

Sie brauchen diese Zeit. In diesem Beispiel ist es ja auch für Ihre Familie erfreulich, wenn Sie Erfolg haben. Dass Sie sich Zeit für sich nehmen, ist also ein Teil des Preises, den Sie zahlen.

Machen Sie den Vergleichstest zwischen einem hektischen Tag und einem hektischen Tag mit einer ruhigen und konzentrierten Stunde. Sie werden es jetzt vielleicht noch nicht glauben, aber der Unterschied wird Sie erstaunen!

20) Je klarer Ihr Bild, desto schneller der Erfolg.

Es gibt viele sehr gute und populäre Bücher zu den Themen „Gesetz der Anziehung“, „Positive Imagination“, „Die Macht unseres Unterbewusstseins“ und ähnliche. Deshalb und auch, weil es den Rahmen dieses Buches sprengen würde, werde ich nicht versuchen, Ihnen diese Prinzipien in Kurzform nahe zu bringen. Ich möchte Sie nur auf diese Themen hinweisen und eine kurze Erklärung liefern, warum sie Ihnen auf dem Weg zum Erfolg helfen werden.

Die wenigsten Menschen sind sich dessen bewusst, wie mächtig unser Unterbewusstsein ist. Sogar jene, die mit diesem Thema vertraut sind, unterschätzen oft, in welche Richtungen uns unser Unterbewusstsein lenken kann und das alleine durch die Manifestierung unserer Gedanken. Das Prinzip ist recht simpel. Ich stelle es Ihnen vereinfacht anhand der Vorstellung des Psychologen und Autor Dr. Joseph Murphy vor:

Jeder von uns bewusst gedachte Gedanke ist ein Wunsch, den unser Unterbewusstsein aufnimmt. Das Unterbewusstsein kann nicht von uns aktiv gesteuert werden, aber es kann beeinflusst werden. Es ist eine tiefe und hochintelligente Kraft in uns, die wir Menschen (vielleicht noch) nicht bewusst nutzen können. Es ist unpersönlich und unterscheidet nicht zwischen Gut und Schlecht. Es ist einfach danach bestrebt, Ihre primären Gedanken aufzunehmen und sie in Ihrem Leben zu manifestieren. Die Gedanken, die Sie besonders häufig und intensiv denken, werden dabei immer am meisten beachtet.

Aus diesem Grund empfehle ich Ihnen so oft, schlechte Angewohnheiten durch gute zu ersetzen. Ihr Unterbewusstsein soll stets mit Positivität angereichert werden, um das Beste in Ihr Leben bringen zu können.

Ist Ihnen schon einmal aufgefallen, dass tatsächlich alles schief läuft, wenn Sie sich einreden, eine Pechsträhne zu haben? Glauben Sie, dass es purer Zufall ist, wenn Ihnen an einem Tag gleich mehrere Dinge überhaupt nicht gelingen? Es ist Ihr Unterbewusstsein, das Ihre Negativität aufnimmt und sie zum Ausdruck bringt. Denken Sie darüber nach, bevor Sie sich denken, dass ich die esoterische Keule schwinge. Die Macht Ihres Unterbewusstseins hat nichts mit Esoterik zu tun.

Vermeiden Sie schlechte Gedanken in Ihrem Alltag. Seien Sie nicht wütend auf andere, lästern Sie nicht und hören Sie sich keine Lästereien an. Seien Sie optimistisch und geben Sie Missgeschicken nicht die Gelegenheit, Sie herunterzuziehen.

Dass das Unterbewusstsein Ihre primären Gedanken in Ihrem Leben umsetzt, können Sie auch für Ihren Erfolg zu einem riesigen Vorteil machen! Denken Sie an Ihren Erfolg, als hätten Sie ihn bereits erlangt. Stellen Sie sich möglichst genau vor, wie es ist, am Ziel angekommen zu sein und versuchen Sie sich in die Gefühlslage hineinzuversetzen, die Sie dabei empfinden werden. Versuchen Sie, bereits jetzt das Glück und die Zufriedenheit zu fühlen. Auch wenn das

Thema gerade vollkommen neu für Sie sein sollte und Sie sich nicht vorstellen können das zu tun, sollten Sie doch einen Versuch wagen. Es geht schließlich um Ihren persönlichen Erfolg und auch eine für Sie unkonventionelle Methode kann einen großen Wandel zum Positiven in Ihr Leben bringen.

Wenn Sie Interesse an diesem Thema gefunden haben, können Sie natürlich gerne weitere Informationen dazu sammeln. Ich empfehle Ihnen gerne ein paar namhafte Autoren, die Ihnen für den Anfang sehr viele Informationen liefern werden: Dr. Joseph Murphy, Anthony Robbins, William Atkinson, Rhonda Byrne.

21) Erledigt ist besser als perfekt.

„Erledigt ist besser als perfekt." – Markus Cerenak

Dieses sehr einfache und sehr wahre Erfolgsprinzip habe ich in dieser Formulierung erst vor wenigen Monaten durch den österreichischen Entrepreneur und Coach Markus Cerenak kennengelernt. Die Formulierung ist deshalb so besonders gelungen, da sie ebenso kurz und effektiv ist wie das Prinzip dahinter.

Bei der Fertigstellung unserer Aufgaben hält uns oft unser Perfektionismus davon ab, wirklich vorwärts zu kommen. Besonders Aufgaben, die uns am Herzen liegen (die, die uns zum Erfolg führen) wollen wir möglichst gut meistern und machen uns deshalb bereits im Vorhinein zu viele Gedanken, wie wir die Sache angehen.

Wenn Sie sich zum Beispiel selbstständig machen wollen, wollen Sie im Vorhinein jedes einzelne Detail geklärt haben und nicht anfangen, bevor es zu jedem theoretisch möglichen Problem eine theoretische Lösung gibt. Ich habe vorhin im Buch bereits erwähnt, dass Sie Expertise brauchen, aber irgendwann müssen Sie auch anfangen. Wie gesagt: Den Stein ins Rollen zu bringen, ist oft der schwierigste Schritt. Und dabei hilft der Satz „Erledigt ist besser als perfekt" ungemein!

Als ich mein erstes Buch namens „Zufriedenheit mal anders" geschrieben habe, habe ich an manchen Stellen furchtbar lange festgehangen. Ich rede nicht von Minuten oder Stunden, sondern tatsächlich von Tagen. Ich wollte jeden

Gedanken perfekt und unmissverständlich ausformulieren. Nach langen Tagen des Stockens und Aufschiebens dann machte ich eine Verzweiflungstat und schrieb einfach los. Ich schrieb und schrieb bis zum späten Abend und danach fühlte ich mich so gut wie seit Tagen nicht mehr. Ich hatte etwas erledigt. Es war nicht perfekt, aber es war gut so. Zeit zum Lesen und Korrigieren hatte ich danach noch genügend.

Wenn Sie sich vornehmen, mehr Sport zu machen, dann fragen Sie sich anfangs oft, was genau Sie eigentlich machen wollen. Und das ist dann der Punkt, an dem die Haarspalterei losgeht: Sie fragen sich, welche Kleidung Sie zum Sport anziehen sollen. Aber wie sollen Sie das richtige Outfit festlegen, wenn Sie noch nicht einmal wissen, welche Sportart Sie betreiben möchten? Wie lange können Sie eigentlich ein Workout machen, bis Sie müde werden? Hängt das nicht auch davon ab, was Sie machen? Sie sehen, worauf das hinausläuft. Starten Sie stattdessen lieber einfach. Laufen Sie los. Tragen Sie dabei, was immer Sie für richtig halten, aber laufen Sie! Ob die Kleidung die Richtige war und wann Sie müde werden, werden Sie spätestens danach wissen. Und eins kann ich Ihnen sagen: Es wird Ihnen gut gehen. Denn erledigt ist besser als perfekt.

Lassen Sie sich nicht von Ihrem Perfektionismus aufhalten. Es ist löblich, alles richtig machen zu wollen, aber irgendwann muss der Stein ins Rollen gebracht werden. Wenn Sie das tun, was Sie wirklich gerne tun wollen, können Sie es ohnehin nicht schlecht machen!

22) Kein Aufschub, keine Konsequenzen.

Bevor wir uns den letzten Punkten widmen, möchte ich noch einmal ein sehr wichtiges Prinzip aufgreifen, das verhindern soll, dass Sie bei Ihrem Vorhaben unnötig scheitern und nicht mehr weitermachen.

Die „Aufschieberitis" ist ein mittlerweile sehr bekannter und etablierter Begriff im deutschen Sprachraum. Als ich dieses Wort vor einigen Jahren zum ersten Mal hörte, schüttelte ich mit dem Kopf. Da hatte man sich ja mal wieder etwas einfallen lassen. Skurrilerweise passt es aber ganz gut zu unserem Zeitgeist. Wir leben schnell und oft nur sehr flüchtig. Wenn wir uns schon kaum noch Zeit für unsere Mitmenschen nehmen, dann erst recht nicht für unsere Aufgaben. Das Leben zieht im Alltag schnell vorüber und so lässt man auch seine Aufgaben und Pflichten zügig vorüberziehen.

Ich möchte Ihnen empfehlen, nichts aufzuschieben. Niemals oder nur in Ausnahmesituationen (und mit denen sollten Sie nicht großzügig sein). Etwas aufzuschieben ist so als würden Sie Schulden bei sich selbst machen. Denn kein Aufschieben bleibt ohne Konsequenzen. Dass Sie bei Ihren alltäglichen Pflichten niemals einen Aufschub wagen sollten, sollte klar sein. Ich beziehe mich hier lediglich auf die Aufgaben, die Sie für Ihren Erfolg erledigen müssen.

Ein Beispiel: Sie möchten sich mit einer Firma in einer sehr speziellen Branche selbstständig machen und nehmen sich fest vor, sich erst einmal etwas Fachwissen anzueignen, um später nicht ratlos in eine Krise zu geraten. Sehr vernünftig! Da Sie beruflich eingespannt sind und Familie haben, nehmen Sie sich fest vor, am Tag genau eine Stunde zum Lesen und Lernen zu haben. Sie haben bereits abgeklärt, dass Sie sich in dieser Zeit nicht stören lassen und sind hochmotiviert. Am ersten Tag genießen Sie diese eine Stunde und sind zufrieden. Sie sind wirklich gut vorangekommen und haben vieles gelernt, über das Sie am Abend noch in Ruhe nachdenken können. Am zweiten Tag aber sind Sie nach der Arbeit müde und außerdem kommt ein richtig guter Film im Fernsehen. Sie sagen sich, dass das nichts macht. Schließlich haben Sie am nächsten Tag nicht viel vor und können dann ganz einfach zwei Stunden lernen und dafür heute gemütlich den Film schauen. Schließlich bricht der nächste Tag an und er ist nicht annähernd so gemütlich, wie Sie ihn geplant hatten. Auf der Arbeit ist etwas Unerwartetes passiert und Sie bleiben länger. Als Sie zu Hause ankommen, wartet eine Menge Hausarbeit auf Sie und beim Gedanken, jetzt noch 2 Stunden lang Geschäftstheorie zu pauken, wird Ihnen fast schon übel. Plötzlich haben Sie schon 3 Stunden Schulden auf Ihrem Konto stehen und haben nun die Wahl: Entweder Sie haben so lange im Hinterkopf, dass Sie etwas nachholen müssen, bis es getan ist oder Sie lassen das Ganze fallen und fangen wieder von vorne an, wenn Sie mehr Zeit dazu haben. Die meisten Menschen entscheiden sich für die zweite Option. Aber wann fangen Sie wieder an? Wie gesagt: Das Schwierigste ist es, den Stein ins Rollen zu bringen. Und Sie werden immer wissen, dass Sie es schon einmal nach nur drei Tagen abbrechen mussten. Wie soll es also beim nächsten Mal werden?

Sie sehen also, dass Sie sich keinen Gefallen damit tun, wenn Sie Ihre Aufgaben aufschieben. Nehmen Sie das, was Sie tun, ernst. Sich die Zähne zu putzen ist eine Pflicht, die Sie nicht vernachlässigen, weil es sich nicht gehört. Lassen Sie die Dinge, die Sie zum Erfolg bringen werden, denselben Stellenwert haben.

Egal, ob auf ein Business oder persönliche Leistungen bezogen: Die meisten Wege zum Erfolg enden frühzeitig, weil Menschen ihre Aufgaben aufschieben und dem wachsenden Druck nicht mehr standhalten können. Machen Sie nicht denselben Fehler.

Wenn Sie Probleme dabei haben, sich zu motivieren oder einfach beim besten Willen nicht Ihren Schweinehund überwinden können, dann haben Sie womöglich die falschen Motive oder verfolgen ein falsches Ziel. Wenn Sie etwas wirklich wollen und mit Leidenschaft dabei sind, werden Sie nur selten auf die Idee kommen, etwas aufzuschieben. Diese Idee können Sie dann im Keim ersticken, indem Sie einfach anfangen und handeln. Im Zweifelsfall gilt: Weniger denken, mehr handeln.

23) Ordnung: Wie innen, so außen.

Die meisten Menschen unterschätzen die Macht der Ordnung im Alltag und im Leben. Tatsache ist: Die Ordnung um Sie herum lässt Rückschlüsse darauf ziehen, wie es in Ihnen drinnen ausschaut.

Wir Menschen projizieren innere Unausgeglichenheit nach außen. Sieht es an unseren Arbeitsplätzen oder in unseren Wohnräumen chaotisch aus, deutet das auf eine Überforderung und eine verlorene Übersicht hin. Um erfolgreich sein zu können, brauchen Sie jedoch Ordnung und klare Strukturen. Die meisten von uns verbringen den Großteil ihrer Zeit damit, das Überleben zu sichern und alltäglichen Pflichten nachzukommen. Um auch am Erfolg arbeiten zu können, brauchen Sie alleine schon mental Klarheit und Aufgeräumtheit.

Geben Sie sich und Ihrem Unterbewusstsein diese Klarheit, indem Sie um sich herum Platz und Reinheit schaffen. Keine Sorge, ich unterstelle Ihnen keine Unreinheit. Ich weiß nur aus eigener Erfahrung, dass man schneller Chaos in sein Leben hineinbekommt als man es beseitigen kann. Wirken Sie also präventiv dagegen.

Schaffen Sie in Ihren Lebensräumen klare Abgrenzungen. Wohnräume sollten gemütlich, aufgeräumt und alleine zum Leben und Entspannen sein. Arbeitsplätze sollten nur für die Arbeit benötigte Instrumente vorweisen können. Beim Sport machen Sie nichts anderes als Sport. Jede Ihrer Tätigkeiten sollte auch eine angemessene Atmosphäre haben, damit Sie sich in jeder Lage wohl fühlen können und nur auf das konzentrieren, was wirklich wichtig ist.

Durch die klareren Strukturen in Ihrem Leben werden Sie mehr Selbstbewusstsein und Selbstvertrauen erlangen. Sie werden sich selbst als disziplinierter empfinden und das Gefühl haben, produktiver zu sein. Erinnern Sie sich daran, dass Sie der Hauptdarsteller Ihrer Abenteuergeschichte sind. Sie müssen gut aufgestellt sein, um in diesem Abenteuer zu bestehen, also schaffen Sie innere und äußere Klarheit. Sie verdienen das Beste, also wird es Zeit, dass Sie endlich das Beste erreichen.

24) Produkt und Service sind nicht alles.

Überraschung! Prinzip 24 ist ein Business-Prinzip und richtet sich an all jene, die sich in diesem Buch mehr geschäftliche Aspekte gewünscht hätten. Sollten Sie nicht nach geschäftlichem Erfolg streben, werden Sie trotzdem etwas Wichtiges aus diesem Prinzip mitnehmen können.

Wer sich selbstständig macht, verkauft ein Produkt oder eine Dienstleistung. Ich möchte auch die Dienstleistung im Folgenden als „Produkt" bezeichnen. Es gibt unzählig viele Bücher, Blogs, Veranstaltungen, Seminare, Videokurse, etc., die Sie auf die Selbstständigkeit vorbereiten und Ihnen kostbare Tipps mit auf den Weg geben. Ganz besonders werden Sie immer darauf hingewiesen, das Produkt konkurrenzfähig zu machen und schließlich zu perfektionieren, damit Sie das beste Angebot haben.

Weiterhin wird Ihnen empfohlen, den besten Service anzubieten. Schließlich ist der zahlende Kunde König und es soll ihm in jeder Hinsicht so einfach und komfortabel wie möglich gemacht werden. Selbstverständlich schließe ich mich diesen Ratschlägen an, auch wenn ich nicht unbedingt für den Perfektionismus sprechen kann.

Da ich Sie in diesem Buch nicht gerade mit Business-Strategien verwöhnt habe, möchte ich Ihnen nun eines meiner besten Werkzeuge vorstellen. Etwas, das Sie nicht oder höchstens sehr selten von anderer Seite erfahren werden. Denn es ist ein Prinzip, das nur wenige wirklich verstehen und auch anwenden, da es Mut,

Selbstbewusstsein, Selbstvertrauen und das gewisse Etwas verlangt. Es ist mindestens (!) genauso wichtig wie ein sehr gutes Produkt und ein exzellenter Service und es kann Sie selbst dann zum Marktführer Ihrer Branche machen, wenn Sie nicht das beste Produkt und auch nicht den besten Service anbieten.

Die Rede ist von einem Image. Vielleicht fragen Sie sich jetzt, ob das mein Ernst ist. Vielleicht haben Sie den Begriff schon einmal gehört und finden, dass er keine große Relevanz hat. Lassen Sie mich Ihnen sagen: Das Image macht den Unterschied!

Aus rechtlichen Gründen werde ich im Folgenden keine Markennamen nennen, aber Sie werden schon wissen, wovon ich spreche. Ist Ihnen schon einmal aufgefallen, dass es einen Online-Shop gibt, der Frauenherzen höher schlagen lässt und dafür sorgt, dass sie kreischen, wenn der Paketbote kommt? Obwohl die Produkte nicht die günstigsten sind und auch an anderer Stelle käuflich sind und obwohl der Service nicht der beste der Branche ist, ist dieser Anbieter Marktführer. Und das nur, weil es „cool" ist, dort einzukaufen. Junge Frauen wollen erzählen können, dass sie mal wieder kreischen mussten, als der Paketbote vor der Türe stand. Es ist ein Stück Lifestyle, an dem man teilhaben muss, wenn man zu den trendigen Menschen von heute gehören will.

Es gibt Schuhe, die bei Weitem nicht jedermanns Geschmack sind, aber sich weltweit in Massen verkaufen, weil sie „retro" sind und eine „Style-Revolution" hervorgerufen haben. Wer Teil dieser Revolution sein möchte, kommt um die Schuhe nicht herum und deswegen werden sie millionenfach gekauft.

Es gibt Herren-Parfums, die furchtbar riechen. Aber das macht nichts, denn sie werden von kernigen und markanten Models präsentiert, die teure Autos fahren, feinste Kleidung tragen und von attraktiven Frauen umworben werden. Aus diesem Grund verkaufen sich diese Parfums rund um den Globus wie warme Brötchen. Der junge Mann von heute glaubt, den ersten Schritt zum Erfolg zu machen, indem er diesem vermeintlichen Vorbild folgt. An und mit sich zu arbeiten, ist keine Option, denn schließlich hat das Model in der Werbung ja auch Erfolg und man sieht ihn nicht arbeiten. Lachen Sie nicht. Das ist ein Image, das sich verkauft.

Ich könnte wirklich noch eine ganze Weile so fortfahren, aber ich denke, dass Sie verstehen, worauf das hier hinausläuft. Ein Produkt muss mehr als einen Nutzen und eine Wirkung haben, wenn es sich erfolgreich verkaufen soll. Es muss cool sein. Es muss dem Kunden etwas geben, das andere Produkte aus demselben Bereich nicht bieten können. Der Kunde muss stolz darauf sein, sich genau für dieses Produkt statt für ein anderes entschieden zu haben und er muss gut dastehen, wenn er vor seinen Freunden und Bekannten damit prahlt.

Wenn Sie ein wirklich gutes Produkt haben und dazu einen einwandfreien Service liefern, haben Sie einen guten Stand. Haben Sie auch ein Image dazu, das Ihren Kunden zum coolsten, trendigsten, belesensten und erfahrensten Menschen macht, sind Sie der Gewinner Ihrer Branche.

Nehmen Sie Ihre Ideen und Produkte genau unter die Lupe und vergleichen Sie sie mit denen der Konkurrenz. Was macht Ihr Produkt aus? Wie profitiert Ihr Kunde besonders davon? Was kann Ihrem Produkt eine besondere Brisanz und Coolness verleihen? Finden Sie das besondere Etwas und fügen Sie einen knackigen Slogan hinzu, den sich jeder leicht merken kann. Dies ist das beste Alleinstellungsmerkmal, das Sie haben können. Also machen Sie sich die Mühe, es zu finden!

25) Es gibt kein Universalrezept für Erfolg.

Zum Schluss möchte ich noch einmal hervorheben, was ganz besonders wichtig ist. Das Verständnis des Erfolges und seiner Prinzipien ist unerlässlich, um selbst erfolgreich zu werden.

Seit dem großen Erfolg meines Buches „Endlich selbstbewusst!“ werde ich oft gefragt, was ich mir beim Schreiben des Buches gedacht habe. Man fragt mich, was es ist, das die vorgestellten Anregungen und Strategien in unserem Alltag so wirksam macht. Dazu kann ich nur sagen, dass es einem simplen Prinzip folgt, auf dem auch dieses Buch basiert: Wir Menschen sind alle einzigartig und es kann in keinem Bereich ein allgemein gültiges Ideal geben, das für jeden gleichermaßen effektiv und erstrebenswert ist.

Der Schlüssel zum Erfolg ist, den Erfolg zu verstehen. Es ist elementar, sich vor Augen zu führen, was Erfolg eigentlich bedeutet und anschließend eine eigene Strategie zu entwickeln, die auf dieser Erkenntnis basiert. Aus diesem Grund helfe ich nicht nur, eine eigene Definition des Begriffs „Erfolg“ zu erstellen, sondern liefere auch verschiedene Gedankenansätze, die jeweils mehr oder weniger auf Sie zutreffen können.

Beim Lesen des Buches werden Sie bereits gemerkt haben, dass manche Punkte Sie mehr und manche wiederum weniger angesprochen haben. Und das ist auch genau richtig so! Die 25 Erfolgsprinzipien können nicht in ihrer Summe dieselbe Effektivität auf jeden einzelnen Menschen haben. Es ist Ihre Aufgabe, sich das Beste und Passendste herauszusuchen und mithilfe dessen Ihren Weg zu gehen.

Lassen Sie uns nun abschließend zusammenfassen, worüber wir bis hierhin gesprochen haben. Anschließend werde ich Ihnen einen Vorschlag machen, wie Sie eine für sich ideal funktionierende Erfolgsstrategie entwerfen können.

Zusammenfassung und Strategie

Meinen Glückwunsch. Sie haben sich durch die 25 Erfolgsprinzipien durchgearbeitet und ich hoffe, dass Ihnen gerade viele neue Gedanken durch den Kopf rasen, die Sie schon bald verwirklichen möchten.

Sie wissen nun, dass Sie eine eigene Definition des Begriffs „Erfolg“ brauchen und wie Sie diese erstellen können. Sie haben gelesen, welche Voraussetzungen Sie mitbringen müssen, um ein langfristig erfolgreicher Mensch sein zu können und was Sie aufhalten wird, anstatt Ihnen einen Nutzen zu bringen. Sie haben einen produktiven Standpunkt zum Thema „Misserfolge und Rückschläge“ kennengelernt und einige Beispiele vorgestellt bekommen, die diese konstruktive These untermauern. Weiterhin haben Sie gelernt, dass Sie mehr Wertschätzung für sich und jeden Ihrer Schritte brauchen und praktizieren sollten. Neben vielen weiteren Erfolgsprinzipien haben Sie auch ein wichtiges Businessprinzip kennengelernt, das Ihre Gedanken anregen soll. All diese Informationen müssen erst einmal sacken und verarbeitet werden.

Wissen alleine macht noch keinen Erfolg aus, aber es ist die richtige Voraussetzung, um wirklich das zu erreichen, was Sie erreichen möchten. Sie müssen etwas mit dem neu erlernten Wissen anfangen können. Aus diesem Grund werde ich Ihnen im Folgenden eine Methode zur Strukturierung vorstellen, die sich bereits bewährt hat. Zahlreiche Leser des Buches „Endlich selbstbewusst!“ haben eine leicht modifizierte Methode angewendet und mich wissen lassen, dass die Strategie alltagstauglich ist und positive Ergebnisse hervorbringt.

Ihre Strategie:

Sollten Sie bis jetzt noch keine Definition von Ihrem persönlichen Erfolg aufgeschrieben haben, möchte ich Ihnen empfehlen, es spätestens jetzt zu tun. Der Lese-Teil ist beinahe vorüber und langsam ist es für Sie an der Zeit, ins Handeln zu kommen. Blättern Sie ruhig noch einmal zurück zu Erfolgsprinzip Nr. 1, um eine Hilfestellung dazu zu erhalten. Wenn Sie fertig sind, geht es hier weiter.

Nun empfehle ich Ihnen, sich noch einmal die Überschriften der Erfolgsprinzipien anzuschauen und sich kurz an den Inhalt des jeweiligen Abschnitts zu erinnern. Ich stelle Ihnen nun drei Kategorien vor, denen Sie jeweils die für Sie passenden Abschnitte zuordnen können. Machen Sie es ruhig erst einmal in Gedanken und später schriftlich. Die Kategorien sind:

- Das wusste ich bereits, aber es findet keine Anwendung in meinem Alltag.
- Das weiß ich und ich setze es bereits in meinem Leben um.
- Darüber habe ich noch nicht nachgedacht, das möchte ich ausprobieren.

Auf diese Weise filtern Sie heraus, welche Punkte für Sie besonders relevant sind und welche vielleicht weniger auf Ihre aktuelle Situation zutreffen. Lassen Sie uns die drei Kategorien nun etwas genauer unter die Lupe nehmen und herausfinden, wie Sie mit ihnen arbeiten können.

Kategorie 1:

Sie haben sich schon einmal Gedanken darüber gemacht, aber bis jetzt keine Gelegenheit gehabt, dieses Erfolgsprinzip auf Ihre Situation zu übertragen. Vielleicht hat Ihnen der Mut gefehlt, weil Sie sich vor Misserfolgen fürchten oder vielleicht haben Sie das Gefühl, dass Ihr Alltag so vollgestopft ist, dass Sie beim besten Willen keine Gelegenheit finden, einen Versuch zur Veränderung zu wagen.

Ich schlage vor, dass Sie den Punkten, die Sie der Kategorie 1 zuordnen, die höchste Priorität zuschreiben. Dass Sie schon einmal darüber nachgedacht haben, ist ein Anfang und hinter diesem Anfang sollte es keinen Abbruch geben. Gehen Sie weiter und übertragen Sie das Prinzip auf Ihren Alltag. Ich kann mir gut vorstellen, dass die Abschnitte über Ordnung, Aufschübe und Störfaktoren Sie an etwas erinnert haben, das Sie bereits wissen. Seien Sie konsequent und fangen Sie an. Wenn etwas bereits in Ihren Gedanken existiert, dann ist es nur noch einen kleinen Schritt davon entfernt, real zu werden. Verlieren Sie diese Tatsache niemals aus den Augen!

Wenn Sie einen Rückschlag erleiden und wieder in alte Muster fallen, ist das nicht schlimm. Sie wissen nun, wie Sie mit Misserfolgen umgehen können und machen einfach erneut das Beste daraus. Glauben Sie mir: Sie werden so leichtfertig damit umgehen können, wie es hier von mir beschrieben wird. Man kann alles üben und besser werden. Genauso kann man üben, mit Misserfolgen umzugehen.

Gehen Sie also noch einen Schritt weiter, indem Sie zuerst die Punkte angehen, die zuvor schon einmal Gestalt in Ihren Gedanken angenommen haben.

<u>Kategorie 2:</u>

Sie sind also derselben Meinung und wenden dieses Prinzip bereits in Ihrem Leben an. Klasse! Fühlen Sie sich bestätigt und geben Sie sich den mentalen Schulterklopfer, den Sie verdienen. Es heißt nicht, dass das, was ich Ihnen vorschlage, das einzig Wahre ist und Sie sich streng daran halten müssen, ABER Tatsache ist: Jedes der genannten Erfolgsprinzipien ist förderlich für Ihren Erfolg und auch für Ihre persönliche Entwicklung in Ihrem Leben. Folglich tun Sie bereits etwas, das Sie Ihrem Erfolg näher bringt.

Sie sind zum Beispiel bereits ein risikofreudiger Mensch und haben auch keine Angst davor, mal ein „Nein“ zu hören oder auf die Nase zu fallen? Sehr gut! Bleiben Sie dabei und verlieren Sie nicht die Abenteuerlust.

Stellen Sie sich einmal die 25 Erfolgsprinzipien aufgelistet vor. Hinter jedem Prinzip, das Sie der Kategorie 2 zuordnen können, können Sie sich ein grünes Häkchen vorstellen. Diese Grundsätze müssen Sie nicht mehr neu erlernen, sondern „nur“ noch in Ihrem Leben aufrechterhalten.

Kategorie 3:

Sie haben etwas Neues erfahren, das Sie neugierig gemacht hat. Darüber freue ich mich sehr, denn schließlich habe ich dieses Buch nicht nur geschrieben, um Sie an wichtige Prinzipien zu erinnern, sondern um Sie auf neue Ideen zu bringen.

Zuerst einmal sollten Sie sich mit dem neuen Thema ausführlich auseinandersetzen. Auch wenn ich viel Gedankengut dazu formuliert habe, werden Ihnen bestimmt noch weitreichendere Punkte einfallen, die sich besser auf Ihre Situation übertragen lassen.

Wenn Sie zum Beispiel feststellen sollten, dass Sie bis jetzt nicht die richtigen Motive hatten, um erfolgreich zu werden, sollten Sie nochmal einen Schritt zurückgehen und sich vor dem Formulieren Ihrer Definition und Motive überlegen, was für Sie wirklich wichtig im Leben ist. Scheuen Sie sich nicht davor, es langsam angehen zu lassen, denn: Es langsam anzugehen, ist besser als gar nicht zu gehen.

Schreiben Sie dem neuen Gedankengut eine hohe Priorität zu und versuchen Sie, das in Ihrem Alltag umzusetzen, was Ihnen bereits in Ihrer Vorstellung gefällt. Wenn es sich richtig anfühlt, ist es auch richtig.

Mit den Kategorien arbeiten:

Mit den drei Kategorien kristallisieren sich auch drei Aufgaben heraus, vor denen Sie nun stehen:

- Wege gehen, die Sie schon kennen, aber noch nicht beschritten haben.
- Das Funktionierende in Ihrem Leben aufrechterhalten.
- Sich neuen Gedanken öffnen und neue Wege gehen.

Finden Sie Zeiten in Ihrem Alltag, in denen Sie sich konkreten Aufgaben widmen können, die Sie Ihrem Erfolg näher bringen, aber ändern Sie Ihre Einstellung dauerhaft. Was in Ihrem Kopf passiert, sollte immer geschehen. Was Sie erschaffen, lernen oder unternehmen, tun Sie dann, wenn Sie die Zeit dazu haben. Vergessen Sie diesen wichtigen Unterschied nicht. Erfolgreich sein ist eine Einstellung und nichts, was man montags von 16-18 Uhr macht.

Wie Sie die ganze Sache angehen, bleibt letztendlich Ihnen überlassen. Die Kategorisierung des Gedankenguts und die auf kleinen Schritten basierende Anwendung hat bereits bei vielen Menschen Erfolg gezeigt und sie kann auch für Sie einen großen Wandel zum Besseren bringen. Es gibt mit Sicherheit noch viele andere Ansätze, um erfolgreich zu werden, aber dies ist der Ansatz, der sich für mich und viele andere Menschen bewährt hat. Schaden werden Sie höchstens dann nehmen, wenn Sie keinen Weg zum Erfolg beschreiten.

Bei jedem Menschen würde nach der Kategorisierung der Erfolgsprinzipien wahrscheinlich ein anderes Ergebnis auf dem Papier stehen und das ist richtig so. Und auch wenn ich der Meinung bin, dass es keine universellen Erfolgsprinzipien gibt, möchte ich zum Schluss noch einmal die vier für mich wichtigsten Prinzipien hervorheben, die wirklich jeder Mensch kennen und beherzigen sollte:

- Prinzip 2: „Selbstbewusstsein: Das wichtigste Utensil in Ihrem Gepäck!“
- Prinzip 4: „Die kleinen Erfolge sind genauso wertvoll wie die großen.“
- Prinzip 6: „Misserfolge sind nicht nur hilfreich, sondern notwendig.“
- Prinzip 12: „Unmöglich ist nicht möglich.“

Verlieren Sie niemals aus den Augen, dass es bei dieser ganzen Sache im Prinzip nur um Sie geht und dass Sie nicht scheitern können, solange Sie das tun, was Sie wirklich tun wollen.

Sie können und Sie werden Erfolg haben, da bin ich mir ganz sicher. Sie verdienen es. Erfolg ist nichts, was nur wenigen privilegierten Menschen vergönnt ist. Sie haben die Möglichkeit, erfolgreich zu werden und was noch besser ist: Den Erfolg zu haben, den Sie für Erfolg halten, ist um ein Vielfaches zufriedenstellender als irgendeinem falschen

Ideal nachzueifern. Es ist Ihr Leben und Sie bestimmen, was gut ist.

Bevor ich mich von Ihnen verabschiede, habe ich im nächsten Abschnitt noch eine kleine Überraschung für Sie, um mich zu bedanken. Wenn Sie diesen Satz lesen, bedeutet das, dass Sie mir bis zum Schluss Ihr Vertrauen und Ihre Aufmerksamkeit geschenkt haben. Dafür möchte ich mich erkenntlich zeigen.

Ein Geschenk für Sie

Ich möchte Ihnen etwas schenken. Es ist natürlich kostenlos, unverbindlich und ist die perfekte Ergänzung zu diesem Buch. Es ist ein von mir geschriebenes E-Book namens „Die 7 Säulen des persönlichen Erfolges“. Während sich in diesem Buch hier alles um die Prinzipien des Erfolges dreht, behandelt das andere E-Book die 7 Eigenschaften, die einen Erfolgsmenschen stützen und ausmachen. Es geht also um das Mindset eines Menschen, der seinem persönlichen Erfolg entgegengeht. Sie werden bekannte Elemente wiedererkennen und neue Anregungen erhalten, die Sie und Ihre Haltung zum Erfolg positiv beeinflussen werden. Lassen Sie mich Ihnen kurz erzählen, weshalb ich Ihnen dieses Geschenk machen möchte.

Ursprünglich wollte ich mit meinen Büchern nur meinen Beratungs-Radius ein wenig erweitern und mehr Menschen zu Selbstbewusstsein, Glück, Zufriedenheit und Erfolg verhelfen. Ich hatte nicht damit gerechnet, dass sich so viele Menschen dafür interessieren würden und plötzlich erhielt ich sehr viele E-Mails, in denen die Leser nach mehr fragten. Sie wollten mehr über die ganze Thematik des Glücklich- und Erfolgreichseins lesen und sie wollten über neue Inhalte und Bücher rechtzeitig informiert werden. Ich genieße den Kontakt zu meinen Lesern, aber als ich merkte, dass ich zu viele Anfragen erhielt, um sie manuell bearbeiten zu können, musste ich mir etwas einfallen lassen.

Ich rief den Blog „Dein Fußabdruck“ ins Leben, der sich mit all den Dingen beschäftigt, die das Leben schön und lebenswert machen und unsere Lebensqualität steigern. Es ist ein Ort, an dem ich mich mit Ihnen und den anderen Lesern austauschen kann und wo ich mich auch auf Anfrage der Leser zu gewissen Themen äußere. Alle Inhalte sind vollkommen kostenlos zugänglich und ich erhalte viel positives Feedback, was mich ungemein motiviert!

Ich habe das Gefühl, meinen Lesern etwas zurückgeben zu wollen. Ein Dankeschön für das entgegengebrachte Vertrauen und den vielen positiven Zuspruch. Aus diesem Grund schenke ich Ihnen das E-Book „Die 7 Säulen des persönlichen Erfolges". Ich schenke Ihnen sogar mehr als das: Ich werde Sie zusätzlich jedes Mal informieren, wenn ein neues Buch von mir erscheint und die Promotionsphase durchläuft. So werden Sie die Möglichkeit erhalten, es für nur 0,99€ zu kaufen, anstatt den vollen Verkaufspreis zu zahlen. Noch dazu werde ich Sie über alle neuen Inhalte auf „Dein Fußabdruck" informieren.

Leider kann ich Ihnen in der Printversion dieses Buches keinen Link zur Verfügung stellen. Der Weg zum kostenlosen E-Book führt daher über die Website www.dein-fussabdruck.de

Tragen Sie einfach Ihre E-Mail Adresse auf der rechten Seite in die vorgesehene Zeile ein und Sie erhalten von mir:

- Das kostenlose E-Book „Die 7 Säulen des persönlichen Erfolges",
- Infos zu allen neuen Inhalten auf „Dein Fußabdruck",

- Die Möglichkeit, alle neu erscheinenden Bücher für nur 0,99€ zu erwerben.

Sie verpflichten sich zu nichts und das Angebot ist vollkommen kostenlos. Ich möchte Ihnen lediglich eine Freude machen und mich für die großartige Leser-Treue bedanken.

Tragen Sie Ihre E-Mail Adresse also einfach auf www.dein-fussabdruck.de ein.

Bevor das Buch zu Ende ist, sehen wir uns noch im Abschlusskapitel „Abschließende Worte".

Abschließende Worte

Dies waren die 25 Erfolgsprinzipien, die Sie ganz nach vorne bringen werden. Ich hoffe, dass Sie beim Lesen viel Bestätigung finden konnten und einige Gedankenansätze entdeckt haben, die Ihr Leben nachhaltig zum Positiven verändern werden. Es ist mir eine Freude, dieses Stück auf Ihrem Weg zum Erfolg mit Ihnen gemeinsam gegangen zu sein.

Dass Sie dieses Buch zu einem günstigen Preis erworben haben, hat einen guten Grund. Meine Motivation für das Schreiben von Büchern ist nicht Profitgier, sondern der ehrliche und aufrichtige Wunsch, anderen Menschen auf Ihrem Weg zu mehr Erfolg, Selbstbewusstsein, Zufriedenheit und Lebensqualität behilflich zu sein. Für mich ist es wichtig, dass die Bücher für jeden erschwinglich sind und von dem Erlös decke ich lediglich die Kosten und den Aufwand, die in die Entstehung des Projekts geflossen sind.

Ich möchte Sie nicht nur mit meinen Worten unterstützen, sondern würde auch gerne erfahren, ob die Unterstützung angekommen ist. Hierfür würde ich mich über ein Feedback von Ihnen freuen, das Sie mir entweder mithilfe einer Rezension auf Amazon geben können oder indem Sie mir eine E-Mail an leister-michael@web.de schreiben. Sie können natürlich auch gerne meinen Blog www.dein-fussabdruck.de besuchen und sich gemeinsam mit mir und der Community über andere Themen austauschen.

Ich bedanke mich für Ihr Vertrauen und wünsche Ihnen alles Gute. Allem voran natürlich viel Erfolg! Sie können den Erfolg haben, nach dem Sie sich schon immer gesehnt haben und Sie werden ihn haben. Ganz sicher.

Bleiben Sie gesund.

Ihr Michael Leister

Weitere Bücher

Endlich selbstbewusst!

Das letzte Buch, das Sie zum Thema „Selbstbewusstsein“ lesen werden!

30 Gedanken, die Ihr Leben bereichern werden!

Zufriedenheit mal anders

Warum Sie Ihr Leben nicht auf den Kopf stellen müssen, um glücklich zu sein!

Printed in Poland
by Amazon Fulfillment
Poland Sp. z o.o., Wrocław

54247312R00078